L'un et l'autre

Collection
dirigée par J.-B. Pontalis

Armand Farrachi

BACH,
DERNIÈRE FUGUE

Gallimard

Jean-Sébastien Bach fut vingt-sept ans durant directeur de la musique à l'école Saint-Thomas de Leipzig, en Allemagne orientale. Beaucoup de gens savent aujourd'hui cela, mais à l'époque où Bach allait en personne dans les rues de cette ville, la plupart le croisaient sans le reconnaître. C'était un homme petit de taille, râblé de corpulence, ordinairement vêtu, sans rien qui attire l'attention sur lui, pas même le regard, car il devait marcher à pas pressés sans se soucier des passants, le front penché, moins occupé à savoir où il mettait les pieds qu'à ses pensées, certaines très abstraites et d'autres très concrètes, et sans toujours les bien distinguer, ayant accoutumé depuis longtemps de rendre concret ce qui était abstrait et abstrait ce qui était concret. Cette disposition déterminait ses goûts et orientait son esprit. Il se plaisait aux constructions mentales, à l'architecture des édifices religieux comme à l'ordonnance des couloirs et des salles dans les grands intérieurs, au principe même des objets qui fait d'une table un plateau posé sur quatre pieds, aux figures qui naissent sous les paupières lorsqu'on les presse, et surtout à la fugue, qu'il pratiquait en maître, aux canons, aux variations, aux contrepoints les plus savants. Parfois, le monde entier lui apparaissait en forme de fugue : la façade d'un immeuble qu'une autre imite et multiplie dans la perspective de la rue, le sujet d'un écho de fanfare, la réponse d'un carillon, le stretto du vent dans les feuillages, le pas des chevaux et le rythme des roues en voiture, la conversation dont les thèmes vont, viennent, reviennent et se mêlent, les couleurs des vitraux tournant selon l'heure dans les églises, la spirale des coquilles et celle des escaliers, les arêtes des cristaux, les rides de la neige ou du sable lorsqu'il vente, les feuilles décharnées, la ramification des troncs... Il s'intéressait moins à la matérialité des objets et des faits qu'à leur formule ou à leur signe : la réalité offre-t-elle rien d'aussi parfait que la musique, qui rend sonore l'ordre de l'univers ?

L'ordre de l'univers est simple. L'eau coule, les arbres poussent, les fleurs s'ouvrent, les pierres gisent, le temps passe, l'herbe croît, la mer monte et se retire, les saisons changent et reviennent, la Terre tourne, le soleil brille, le mort saisit le vif, la vie naît, Dieu se tait, les bêtes avancent devant elles, les pommiers donnent des pommes, les savetiers des chaussures, les compositeurs de la musique. L'ordre de l'univers est complexe. L'eau coule, les arbres poussent, les pierres gisent, le temps passe, la mer monte, Dieu se tait... Le simple et le complexe sont chacun la face de l'autre comme l'abstrait et le concret.

Bach pouvait songer aux choses sans matière, aux lignes, aux rébus, aux figures géométriques, aux blasons, aux monogrammes, autant ou plus qu'aux mots et aux images, aux gens qui n'étaient pas de sa famille ou n'avaient rien à voir avec la musique. Il montrait un goût prononcé pour les chiffres et pour les rapports qu'ils entretiennent entre eux comme avec les notes, semblable en cela à Pythagore pour qui tout est nombre et qui avait autrefois établi des liens entre les mouvements supposés des astres et les sons des instruments humains, où ils trouvaient un sens, ou encore à Platon qui voulait qu'on enseignât la musique avec la science des nombres. Trois ans avant sa mort, il adhéra à la Société des sciences musicales dont il fut le quatorzième membre, en quoi il vit un signe du dieu de l'harmonie et de la quantité. Car il aimait non seulement que les lettres de son nom correspondent dans la notation allemande aux notes *si* bémol *la do si* bécarre, thème chromatique d'une grande simplicité et d'une profonde beauté, mais aussi que ces lettres, si on leur donne leur numéro de l'ordre alphabétique, fassent 2, 1,

3, 8, soit 14 au total, nombre inversé en 41 si on ajoute les initiales de son prénom : J (ou I : 9) et S (18). Ainsi, composer 41 mesures de 14 notes où figurait le thème *si* bémol *la do si* bécarre, revenait à inscrire son nom dans l'épaisseur de la musique comme la présence du Créateur s'inscrit dans le souffle du vent ou la course des eaux.

Une numérologie au sens ardu pour l'esprit et imperceptible à l'oreille pouvait régler la composition sans affecter ni raidir son caractère, les plus sévères contraintes étant tenues pour rien par qui possède à haut degré la faculté de l'invention. Dans le canon dédié à Walther et long de 14 mesures, chaque voix comprend 82 notes, somme des lettres de WALTHER et double du 41 patronymique, ce qui signifie que Walther vaut deux fois J.-S. Bach. Ces jeux sont d'un esprit peu sensible au dehors et tourné vers lui-même comme sur quelque absolu simple et mystérieux : tout ce qui s'enchevêtre, converge et se confond en une formule se rapproche du Dieu unique et du secret de l'univers. Bach s'était fait dessiner un monogramme où ses initiales ornées se lisaient dans tous les sens aussi bien qu'en miroir. Il signa également de deux portées croisées, où l'unique note de *si* bémol au centre donnait aussi *la do si* bécarre selon la clé ou l'armature, tournant donc sur elle-même et s'irisant en rosace. Ainsi, par la seule force de l'esprit, aimait-il à bâtir sur des unités qui ne renvoient qu'à elles-mêmes.

Est-ce autrement que s'élèvent vers le ciel la cime des arbres depuis les racines, les clochers depuis les murs, les voûtes des églises depuis le sol, les montagnes depuis les plaines, les oiseaux depuis les branches, la musique depuis la basse ? Chaque note devrait être une flèche tirée vers le firmament et laissant une traînée derrière elle. Composer reviendrait à élever des voûtes dans les nuées, comme des feux d'artifice sonores.

Il s'était également plu à imiter par des sons la nature des choses puisque, lorsque tout fait musique, c'est un jeu de réduire en signes le monde réel. Les anges descendent du ciel sur des gammes descendantes et y remontent sur des gammes montantes, tandis que la douleur soupire naturellement au moyen de soupirs, demi-soupirs et silences. Dans la *Cantate du café*, la largeur d'une jupe est désignée par un saut de neuvième. On trouve évidemment des pépiements de poules dans le *Capriccio sur les cris des poules et des coqs*, un cor de postillon dans la *Fantaisie sur le départ de son frère bien-aimé*, ou des braiments et de longues oreilles lorsque la cantate évoque un âne. L'inquiétude est chromatique comme la colère est rouge ou l'innocence blanche, car la musique peut former langage autant que les figures de pierre ou de verre aux porches et aux vitraux des églises où l'eau est représentée par des lignes sinueuses, l'arbre par une tige, la sainteté par un nimbe circulaire, le Juif par un bonnet conique.

En vieillissant, il s'enfonça dans la spéculation théorique et dans l'ésotérisme, s'abstint de toute indication pour l'exécution, insoucieux de tempo, d'expression ou d'instrument, parfois de clé, moins préoccupé de vitesse que de substance, de timbre que de concept, et gagnant en pureté ce qu'il perdait en matière. Sa prédilection allait à la musique qu'on lit plutôt qu'à celle qu'on écoute, qu'on joue ou qu'on danse. En cela, il fut proche de Leibniz dans le temps autant que dans l'espace et peut-être dans la pensée, mais ce nom lui était sûrement aussi inconnu que celui du Cantor au concepteur de l'harmonie préétablie. Bach ne lisait ni philosophie ni morale. Dans sa bibliothèque, qui comptait 81 volumes dont 20 de Luther, on n'a retrouvé que des ouvrages de théologie et de piété : *la Prunelle de l'œil évangélique, le Noyau et le Suc des Saintes Écritures, l'École apostolique des chrétiens, les Bases de la confession,* ou *Réflexions sur le conseil divin* ; ni roman, ni poème, ni récit de voyage, pas même un livre de recettes ou un manuel de jardinage, alors qu'Anna Magdalena, sa femme, aimait tant à cultiver les œillets jaunes ; car les romans, qui nous parlent d'hommes, de femmes, d'amour, de guerre ou d'argent, nous distraient de Dieu ou de la musique, et tout le temps qui n'est pas consacré à Dieu ou à la musique — ou à gagner son pain — est du temps perdu. C'est pourquoi la vie de Bach n'est pas consacrée à la musique : elle consiste en musique, ce qui est une façon d'honorer le Tout-Puissant avec des sons comme d'autres avec des mots, de l'encens ou du sang. Il signa un temps ses compositions SDG, *Soli Dei Gloria*, « À la seule gloire de Dieu ».

Ces livres d'austère contenu figurent sur l'inventaire des biens dressé après sa mort, avec les pièces, médailles et créances, l'argenterie, les étains, les cuivres, les vêtements, le linge, le mobilier, « un habit en gros de Tours qui a été retourné », « quatre pichets montés en étain », « onze chemises » (soit douze en comptant celle avec laquelle il fut sans doute enterré), ou « une bouilloire en cuivre », « une demi-douzaine de couteaux, fourchettes et cuillers dans une boîte », « une armoire de toilette », des bols grands et petits, des instruments de musique que ses fils se partagèrent inégalement, le tout estimé à 1 122 thalers, 16 groschens. Les manuscrits et la bibliothèque musicale, n'étant pas négociables, ne furent point estimés. Un tiers des biens revint à la veuve.

Les garçons mineurs et Gottfried Heinrich, le simple d'esprit, une fois hébergés par divers membres de la famille, Anna Magdalena, âgée de 49 ans, vingt-neuf années durant l'épouse du Cantor, obtint de rester dans les lieux jusqu'en février avec sa belle-fille et ses deux filles, Regina Susanna, la plus jeune, n'ayant que 8 ans. La maison qu'on avait décrite bourdonnant tout le jour « comme une ruche » ou « un pigeonnier », si pleine de vie et de musique qu'elle semblait faite pour s'y étourdir, maintenant plus qu'à demi vidée, hantée par trois orphelines et une veuve mélancolique, cette maison tomba dans le silence, qui est dur aux musiciens comme l'obscurité aux peintres. Il ne s'y trouvait plus ni instrument ni personne pour en jouer, et pourquoi la veuve aurait-elle eu le cœur de se remettre au chant qu'elle avait dû abandonner en s'installant à Leipzig ? Elle déclara son intention de ne pas se remarier pour qu'on lui confiât la tutelle de ses enfants et sollicita également six mois de traitement « puisque la coutume s'est établie depuis longtemps à l'école Saint-Thomas que les veuves des cantors défunts jouissent pendant six mois du traitement de leurs maris, ce qui fut le cas de toutes celles qui me précédèrent, la veuve Kühnau et, avant elle, celle de Schelle et celles qui les précédèrent encore ». On y consentit, après avoir défalqué 21 thalers et 21 groschens, que Bach avait indûment touchés lorsque, vingt-sept ans plus tôt, il avait rejoint son poste avec retard. Les autorités de Leipzig lui allouèrent encore une quantité de grain et 11 thalers 12 groschens pour les chandelles, en la priant de libérer l'appartement « au cas où le successeur de son mari voudrait venir ici ». La maison silencieuse ne fut donc de surcroît que chichement éclairée, en une saison où la nuit est longue et précoce. Le Cantor fut promptement remplacé par un nommé Gottlob Harrer, de « nature très tranquille et accommodante », dont la musique a laissé peu de traces.

On ne connaît pas un seul jour des dix ans qu'Anna Magdalena passa dans l'absence de Bach. Elle fut inévitablement assise un jour, deux jours, cent jours dans une pièce à demi vide où son visage inconnu se perd dans le coin le plus obscur puisque la lumière est inutile lorsqu'il n'y a rien à voir et que la chandelle est comptée, le regard fixe, s'occupant d'abord les mains plus que l'esprit à des travaux d'aiguille auxquels le manque d'intérêt et de lumière oblige à renoncer, pour revenir aux souvenirs : il allait, venait, pestait, jouait, elle recueillait ses confidences, s'ingéniait à l'apaiser, l'écoutait, chantait. Le soir venu, elle le sentait peser sur son ventre et s'introduire en elle. Il avait presque l'âge d'être son père. C'était un des plus renommés musiciens de son temps et elle était sa femme. À présent qu'il est mort elle n'est rien. Même sans musique, il suffit d'un miroir, d'un écho, d'une volée d'escalier, d'une source ou de tout ce qui flue, pour que son génie lui soit remémoré. Immobile, silencieuse, elle porte les vêtements du deuil, tandis que les chevaux font sonner leurs sabots sur le pavé de la place où tant de gens bavardent sans penser à l'obscurité ou à l'oubli qui guette les vivants. Ses fils jouent des instruments à clavier dans des cours lointaines et portent des manchettes. Elle épluche des légumes achetés le matin pour la soupe du soir.

Deux ans après la mort de son « cher époux », Anna Magdalena dut vendre « certaines œuvres musicales » et le manuscrit de *l'Art de la fugue*, dont on lui donna par charité 40 thalers « en considération de son état d'appauvrissement », grâce à quoi il fut conservé quand tant d'autres se perdirent. Elle mourut en 1760, à 59 ans, et fut portée en terre on ne sait où après un enterrement de dernière classe. En 1800, Rochlitz, directeur de l'*Allgemeine Muskalische Zeitung*, découvrit l'existence de Regina Susanna Bach, la dernière fille, et ouvrit une souscription pour que « cette brave femme passe ses dernières années sans souci ni gêne ». On pense que Beethoven y répondit, bien que rien ne l'atteste.

Ces 40 thalers échangés contre un chef-d'œuvre sans exemple ni suite correspondent à peu près à un mois et demi de salaire si l'on en croit ce que Bach lui-même écrivait en 1730 : « Mes revenus actuels s'élèvent à 700 thalers et, lorsqu'il y a un peu plus de morts que d'ordinaire, les *accidentia* augmentent en proportion ; lorsque cependant l'air est sain, les *accidentia* pour les enterrements habituels me font perdre, comme ce fut le cas l'année précédente, plus de 100 thalers. Je peux mieux vivre en Thuringe avec 400 thalers qu'en cette ville avec plusieurs centaines de plus, en raison de la chèreté excessive de la vie. » Le Cantor se trouvait donc maître de cérémonie par nécessité, ordonnateur des pompes par profession, pleureur d'apparat à l'occasion. Ses contrats stipulaient que lors des enterrements il devait suivre le cortège et marcher avec « les garçons », ses élèves, raison pour laquelle « 1 habit de deuil en drap des dames » figure également à l'inventaire, chose remarquable chez un homme qui, en fait d'habits, n'en possédait que trois.

Bach s'était enfermé vif dans la musique sans y être aidé par la surdité qui ne laissa à Beethoven qu'une oreille intérieure pour que les sons conçus par lui ne soient plus parasités par l'extérieur. Il finit aveugle mais aurait aussi bien pu rester sourd à ce qui venait d'ailleurs, tout ce qui n'était pas musical lui étant étranger. Il vivait dans son harmonie personnelle pour s'empêcher de basculer dans la folie, dans un univers sans musique, sans ordre ni forme, vide, silencieux ou hanté d'une seule note, comme cet unique *la* où Schumann trouva son enfer, jouant et écrivant toujours pour lutter contre l'inquiétude d'un néant dissonant ou muet, comblant le moindre silence avec de la musique de même qu'il composait un petit prélude ou un canon pour ne pas laisser de portées inutilisées au bas d'une page, traçait une arabesque pour meubler l'espace blanc qui sépare le premier ou dernier mot du bord de la feuille soit en haut soit en bas — mais pas sur les côtés. Il s'occupa très tôt de peupler sa maison pour la rendre aussi bruyante que l'avaient été toutes celles qu'il avait habitées depuis l'enfance et ne montra jamais de goût pour la solitude, même pour composer, sa concentration lui permettant assez de faire silence en lui. Les bruits n'atteignent point l'âme.

L'amour de la musique était poussé chez lui jusqu'au besoin, à la manie, à l'obsession. Il pratiquait tous les instruments à clavier : l'orgue, le clavecin, l'épinette, le clavicorde, et aussi le violon, l'alto, la viole de gambe, un peu de luth et de flûte, peut-être de hautbois, chantait d'une voix de baryton-basse, dirigeait l'orchestre et les chœurs, devait savoir accorder les verres avec de l'eau pour qu'ils vibrent quand on les frotte, connaître d'avance le son de chaque casserole frappée par une cuiller de bois, gravait lui-même ses partitions sur cuivre. Il enseigna personnellement la musique à ses fils, qui devinrent d'éminents musiciens. Il disait qu'il aurait pu aisément former un orchestre tant instrumental que vocal avec les membres de sa famille. Le soir, quand les enfants jouaient dans chaque pièce une musique différente, il n'entendait pas le vacarme que faisaient toutes ensemble ces tonalités réunies, mais chacune séparément et distincte des autres, comme l'huile flotte sur l'eau sans s'y mêler, comme un joueur d'échecs dispute contre plusieurs adversaires des parties simultanées et jamais confondues.

Il importait surtout d'être aussi longtemps que possible plongé dans l'harmonie et d'y souffrir aussi peu d'interruptions qu'il se pouvait. Le *Petit Livre d'Anna Magdalena*, où étaient notés d'une même écriture par l'un ou l'autre des époux les airs qu'ils préféraient jouer en famille, commence par *Réveillez-vous* et s'achève par *Laissez le sommeil vous envahir.* Tout le jour s'écoulait en continuelle musique. Le matin, Bach enseignait la musique aux élèves de l'école, puis, selon un ordre variable, faisait travailler la musique à l'orchestre et à la chorale, puis répétait la musique qu'on jouerait le dimanche ou à une autre occasion, puis composait sa propre musique, beaucoup et à un rythme soutenu, puis, pour se distraire, écoutait, jouait ou copiait la musique des autres, puis enseignait l'art de la composition musicale et de toucher le clavier à des élèves choisis, puis, pour le plaisir, improvisait de la musique au clavecin, puis soumettait ses enfants à l'enseignement intensif de la musique, puis, le soir, pour s'endormir, se faisait jouer de la musique, comme s'il en avait manqué durant le jour. « Lorsque le soir il se mettait au lit, ses trois fils, musiciens de bonne heure, jouaient alternativement — c'était là une coutume qu'il avait introduite — pour l'endormir. C'était avec l'aide de Christian qu'il s'endormait le plus facilement, et si ce n'était pas le cas, c'était que la colère le maintenait éveillé. » Il ne faut pas s'étonner que Cramer le décrive « empli d'étranges marottes. L'une était de ne pouvoir rien supporter qui fût à moitié fait, louche, impur, incomplet, inachevé. En bref il haïssait par-dessus tout une dissonance non résolue ».

Trois témoins le confirment, sans s'être concertés, à trente ou quarante ans de distance. « Philippe Emmanuel était ainsi un soir sur ses gardes », raconte Cramer en 1793, directement informé par l'intéressé. « Dès qu'il remarqua que son père commençait à ronfler, il se leva du clavecin au milieu d'un accord non résolu et s'enfuit. Cette dissonance éveille immédiatement le vieux Sebastian. Elle tourmente, torture, angoisse son oreille. Il croit tout d'abord qu'Emmanuel n'est sorti que pour lâcher son eau, qu'il va revenir. Puis, comme rien de tel ne se produit, il se tourmente plus encore. Il se lève en chemise, bien qu'il soit déjà dans son lit chaud, il sort du lit, il tâtonne dans le noir jusqu'à l'instrument, reprend l'accord dissonant et le résout. » Le compositeur Reichardt rapporte en 1796 : « Johann Sébastien Bach entra un jour dans un salon où se trouvait une nombreuse société au moment où un amateur était assis au clavier et improvisait. Quand ce dernier s'aperçoit de la présence du grand maître, il saute de son siège et termine un accord dissonant. Bach, entendant cela, est tellement tourmenté par son malaise musical qu'il passe en courant devant le maître de maison qui vient à sa rencontre, se précipite au clavecin, résout l'accord dissonant et le conclut comme il se doit. Ensuite seulement il marche vers son hôte et lui fait sa révérence. » Jean-Chrétien, son fils, se souvient également en 1784 : « Une fois, j'improvisais au clavecin de manière tout à fait mécanique et je m'arrêtai à une quarte et sixte. Mon père était au lit et je croyais qu'il dormait, mais il sauta de son lit, me donna une gifle et je résolus ma quarte et sixte. »

Outre la hantise de la dissonance non résolue, l'anecdote suggère aussi que « la colère le maintenait éveillé ». Quand son esprit n'était pas aimanté par une marche harmonique, une basse continue, le passage aux modulations successives, la résolution des dissonances, ou quoi que ce soit de l'univers à lui si familier de la musique, il devait donc revenir aux tracasseries et aux contrariétés de la journée, à ce qu'il aurait fallu répondre, à ce qu'il convenait de faire, à mille ripostes mâchées et ruminées qui l'exaspéraient jusqu'à lui faire perdre le sommeil. La paix est fille de l'ordre. L'ordre devait être en *si* mineur. Le désordre est sans tonalité : ...prélude en *mi* mineur penser à le redire au recteur cet incapable et deux fois plutôt qu'une comme aux élèves tous des ânes pour le contrepoint imaginer des personnes qui conversent ensemble comment l'expliquer si ne comprennent pas on les met dans les chœurs sans qu'ils soient sûrs de la mesure et de l'accord et puis quand quittent l'école sont remplacés par d'autres avec qui il faut tout recommencer ou totalement incapables mieux vaudrait sourds le répéter encore et encore passage au cinquième degré oui l'orgue respectait le contrat sauf que fourni une soubasse de 32' en bois à la place du cor de chamois en 16' en métal pourquoi combien si à refaire qui paie et puis où Bernard cependant emprunté et pourquoi se tourner vers moi déjà laissé argent dans l'espoir voici j'apprends qu'il a encore emprunté ici ou là non ne pas rembourser les 300 thalers et qui dit le vrai Seigneur je porterai ma croix avec patience voici j'apprends avec une extrême consternation qu'il a encore emprunté ici ou là et qu'il a disparu et qui tiendra alors le pupitre retour au mode majeur au fait remplacer le menuet de la partita et supprimer la transition entre l'adagio et la fugue oublié le médecin pour la petite demain *si* majeur septième diminuée pourquoi est-ce qu'il ne résout pas son accord…

L'anecdote montre encore que le père dormait déjà quand les enfants jouaient encore. Sa vie durant il s'était couché tôt, tant pour être à pied d'œuvre avant l'aube que pour économiser la chandelle. À Weimar, l'usage était d'éteindre les lumières à 8 heures l'hiver, 9 heures l'été. À Leipzig, la journée commençait à 4 heures. Il fallait une commande pressante pour le faire travailler après le soleil couché, la nuit étant trop propice au silence et à l'inquiétude.

Il y avait à Saint-Thomas un cabinet réservé à la composition, détruit en 1903 pour agrandir les appartements de la direction, comme si une hiérarchie fantomatique et opiniâtre s'acharnait contre le souvenir du Cantor. C'était une grande pièce à l'angle sud-ouest du premier étage, haute de plafond, éclairée d'une fenêtre qui ouvrait sur l'ouest, meublée d'une table et d'un fauteuil de cuir, d'un placard à quatre portes où l'on rangeait les manuscrits, communiquant par une lourde porte avec l'appartement d'un côté, de l'autre séparée de la classe de sixième par une cloison de plâtre. Mais de jour comme de nuit le maître trouvait en lui de quoi s'isoler du monde qui ne produit que fracas. Il n'est de vraie retraite qu'en soi-même, et ceux dont les oreilles s'ouvrent au tout-venant sont vite assourdis. Là, quand la flamme de la chandelle s'élevait dans l'obscurité, sourd au trottis des souris, à la pluie sur la vitre, au cri des charretiers, Bach s'asseyait, le corps droit, immobile, comme lorsqu'il jouait, la tête penchée sur le papier, la main gauche tenant la feuille où la droite écrivait. Il aligna ainsi des milliers, des millions de notes sur des portées qu'il traçait à la règle avec une plume à cinq becs, sans instrument, détaché de toute matière, voire de tout son, pour approcher l'harmonie absolue. Cet homme qui abattit tant de travail, compta tant d'argent, éleva tant d'enfants, expertisa tant d'instruments, accorda tant de clavecins, qui protesta souvent, but et mangea ferme, pissa dru, tira parfois l'épée, était enclin à une spiritualité désincarnée lorsque s'exhalaient les mélodies horizontales qu'il déroulait dans un temps privé de durée comme coule l'eau du ruisseau dont il portait le nom. Tout bruit était alors renvoyé au néant silencieux : le raclement sourd du fauteuil traîné sur le sol, le grattement de la plume sur le papier, le tintement de l'encrier où elle retournait régulièrement chercher son encre. Un chant grave bourdonnait parfois dans la gorge du maître pour matérialiser la mélodie à l'épreuve du souffle. Le feu craquait dans le poêle ou la cheminée comme pour battre une mesure indécise. Il n'y avait pas de pendule.

Il écrit. Ses doigts tiennent une plume qui dispose l'une après l'autre sur le papier réglé des milliers de notes inégalement réparties et reliées par des traits horizontaux. Soudain, il s'arrête. Il regarde sa main, dont le dos est constellé de petites taches qui n'y étaient pas naguère. Il se rappelle en avoir vu de semblables lorsqu'il était enfant sur les mains de son grand-oncle. Il ouvre la paume et découvre un réseau de rides qui se chevauchent et se nouent et se dirigent du poignet vers l'index comme les lignes d'un paysage vu par un oiseau, comme les courants d'une eau vive. Il n'en éprouve pas d'émotion. Il entend au-dehors des choucas dont le cri strident perce le soir sur la place de Leipzig et se désole que ce cri ne puisse être ramené à une note simple, par exemple *si* bémol, de même que les gouttes de pluie à un ensemble harmonieux, comme *ré fa la* bémol *si* bémol, et que le monde ne fasse que du bruit où il pourrait y avoir de la musique. Il sait qu'il lui incombe d'y remédier et il se remet à écrire. Il importe peu que ses paumes soient ridées ou sa main tachée de son, que le temps passe, mais seulement que ces mains-là gardent trace de la musique que le Tout-Puissant lui mit dans la tête pour remédier au désordre du monde.

Lorsqu'il avait terminé sa page ou qu'il cherchait une transition, il se levait, allait à la fenêtre, regardait sans les voir les pierres sourdes et le ciel aveugle. Il pensait qu'il avait déjà composé quantité de fugues à deux, trois, quatre ou cinq voix, même pour instruments mélodiques, mais l'envie le prenait d'en écrire une seule qui contînt toutes les autres, de sorte qu'après celle-là plus personne n'aurait le désir d'en écrire. Il s'en remettait au Ciel de cette composition, car il savait obscurément que la grâce lui serait accordée de commencer et de finir ce pour quoi il avait été mis ici-bas : composer la plus belle fugue du monde. Chaque soir, chaque matin, il remerciait le Seigneur d'avoir accordé à Anna Magdalena la fécondité des flancs, de lui avoir donné à lui la vie et la musique, de la joie à la chair de son épouse, de la sérénité au cœur, l'habileté des mains, et des pieds aussi lorsqu'ils couraient sur le pédalier pour faire trembler les voûtes. Il n'avait alors ni perruque sur la tête, ni bague au doigt, ni jabot, ni boucle à ses souliers noirs, car les boucles en argent, estimées 16 groschens, pouvaient être posées sur une paire neuve après avoir été retirées d'une ancienne, trop usée pour être encore portée au savetier.

Bach ne tenait pas de journal, il n'a pas laissé de correspondance intime, ne s'est confié à personne qui en ait témoigné. Sa femme, à qui on ne demanda rien, ne dit rien qui soit resté. Ses fils et ses élèves un peu, lorsqu'ils en furent priés. On ne sait rien de ses amis, ni s'il en eut de véritables. Son tempérament ou ses humeurs n'apparaissent que dans le filigrane d'un rapport, d'un billet, d'une requête, car il ne prenait jamais la plume pour écrire des mots que par nécessité, pour remercier s'il le fallait, parfois pour demander et souvent pour se plaindre. Nulle part on ne le trouve souriant ou détendu, même quand il le voudrait. Partout mauvaise humeur, raideur, exaspération.

« Monsieur Martius, écrit-il à un facteur de clavecins en 1748, ma patience est à bout. Combien de temps pensez-vous que j'attendrai le clavecin ? Deux mois sont déjà passés et il en va toujours de même. Je regrette de devoir vous écrire de la sorte, mais je ne peux pas faire autrement. Vous devez rétablir correctement les choses d'ici cinq jours, ou nous ne serons jamais bons amis. Adieu. »

Johann Elias Bach, son cousin, malgré ses offres et présents, se voit à peine mieux traité.

« Monsieur mon cousin, Votre agréable lettre reçue hier m'assure que vous-même et votre chère épouse vous portez bien ; je vous fais en outre tous mes remerciements pour le précieux tonnelet de vin que vous m'envoyez par la même occasion. Il est cependant bien regrettable que ce tonneau ait tant souffert, soit qu'il ait été trop secoué dans le transport, soit pour toute autre raison ; car après l'ouverture et l'examen habituel en cette ville, il s'est trouvé vide jusqu'aux deux tiers et ne contenant, selon l'indication du *visitor*, pas plus de six pintes. Il est donc bien dommageable que de ce noble don de Dieu, la moindre goutte ait été perdue. » Après des remerciements et le regret tant de « la mauvaise saison » que de « l'éloignement de nos deux villes » qui « ne nous permettront sans doute pas de voir notre cousin chez nous », il revient au sujet principal : « Bien que vous vous soyez offert, mon cousin, de me pourvoir par la suite de la même liqueur, je suis cependant contraint de refuser en raison des dépenses excessives que cela entraîne ici. Le transport coûte 16 groschens, la livraison, 2, le *visitor* 2, l'impôt local 5 et 3 pfennigs, l'impôt général 3. Vous pouvez donc calculer, mon cher cousin, que chaque quart de vin me coûte 5 groschens, ce qui est trop cher pour un cadeau. »

Ou encore, pour commencer un billet laconique où tout est refusé au même cousin : « Le temps étant court, je vous dirai beaucoup en peu de mots. »

Il ne faut pas grand effort pour deviner le Cantor intransigeant dans ses jugements, inflexible sur les principes, indifférent aux affaires publiques, insoucieux de l'opinion d'autrui, sans indulgence pour la médiocrité (confondant à dessein le génie avec l'application et tenant le talent pour un passe-temps de jean-foutre), cassant dans ses manières, c'est-à-dire peu diplomate, inhabile à dissimuler et donc plutôt obséquieux que civil, facilement atrabilaire ou coléreux et très souvent grognant, pestant et maugréant, s'efforçant au besoin de parler plus qu'il ne convient de sujets ordinaires tels la pluie et le beau temps, la conduite des affaires ou le coût de la vie pour se donner en compagnie l'apparence d'un homme comme un autre qui s'occupe l'esprit à des futilités ou se réjouit d'un rien, ignorant que plus il s'ingéniait à paraître normal plus il passait pour singulier. Mais comme il n'y avait pas de conversation vraiment utile qu'il pût avoir sur la musique et que les autres matières n'étaient que perte de temps et motifs d'ennui, il jugeait qu'un individu lucide ne pouvait agir beaucoup mieux qu'en se taisant et en jouant d'un instrument s'il le savait, et, agissant en conséquence, préférait s'absenter du monde qu'y tenir une place. Dans ces conditions, la vie matérielle déroulée seconde après seconde restera à jamais affaire de conjectures : Marchait-il pieds nus au lever ? Enfilait-il sa chemise avant sa culotte ou l'inverse ? Quel mets avait sa préférence ? Rêvait-il beaucoup et de quoi ? Quand priait-il et en quelle langue ? Ne prenait-il aucune précaution pendant l'acte amoureux pour en limiter la vertu prolifique ? Sa femme y trouvait-elle un plaisir suffisant ? Était-il insomniaque, gourmand, concupiscent, maniaque, économe, distrait, précipité dans son débit, anxieux dans ses pensées, maladroit dans ses gestes ? Savait-il recoudre un bouton, cuire un œuf, raccommoder la porcelaine ? Combien d'oiseaux savait-il reconnaître ? et d'arbres ? et d'uniformes ? et de constellations ? Sans cela, comment saisir la substance vivante ? Y a-t-il biographe qui ne rêve d'affirmer : Jésus de Nazareth avait le tic de lever le sourcil gauche lorsqu'il réfléchissait et soufflait sur sa soupe quand elle était trop chaude, Napoléon Bonaparte faisait sa toilette du matin avant de déjeuner, Jean-Sébastien Bach marchait le plus souvent avec les mains croisées dans le dos ?

Les objets en disent-ils davantage ? Il possédait autant de chemises que la gamme compte de notes, et les recueils de suites, partitas ou préludes, groupés par multiples de six. Avec une douzaine de chemises, Bach n'en pouvait changer chaque jour qu'à condition que la lessive fût coulée au moins une fois par semaine, surtout en ne disposant que d'« une armoire à vêtements » et d'« un coffre à linge » pour toute la maisonnée. Anna Magdalena repassait-elle en personne, disposant de « deux planches à repasser en forme avec leur fer », ou la servante le faisait-elle à domicile ? « Dix bols » grands ou petits autorisent un seul service de repas, si tel était bien l'usage de ces récipients, et à supposer que les huissiers n'aient pas négligé la terre cuite et le fer-blanc. Tout était-il alors compté au plus juste ? La « part dans une mine » (à Klein Voigtsberg), les obligations (trois), les espèces (en or ou en argent) et la petite monnaie (36 thalers), les créances (trois dont une à Mme Krebs), les médailles en argent et les objets de valeur trahissent-ils une tendance à thésauriser ? L'argenterie et les étains doivent-ils être regardés comme un placement, une décoration, un service pour les grandes occasions ou pour l'ordinaire ? Les couverts étaient « dans une boîte ».

Les objets n'y suffisent pas. On ne sait s'il était incommodé par les mouches l'été ou s'il souffrait l'hiver du temps froid, s'il aimait boire du café, jouer aux dominos, lire les gazettes, fumer, personne n'en ayant témoigné, ou trop peu sûrement. Lors d'une altercation avec l'étudiant Geyersbach en 1705, le plaignant déclara : « Bach est passé dans la rue la pipe à la bouche. » Barbara Catharina Bach, sa cousine, appelée à témoigner, tint à préciser quant à elle : « Par ailleurs, Bach n'avait pas de pipe à la bouche. » L'inventaire de ses biens comprend pourtant quatre tabatières dont une en agate sertie d'or, mais celle-ci aussi coûteuse qu'un petit clavecin (40 thalers), et les autres incrustées, gravées, précieuses et apparemment vides, et donc moins ustensiles que bijoux ; aucune pipe, ou pas assez chère pour être mentionnée. Bach ne s'autorisait-il à fumer qu'en dehors de chez lui ? Trouva-t-il avantageux dans sa jeunesse de se pavaner en public avec une pipe entre les dents ? Était-il infamant de fumer dans la rue au point d'en être accusé par malveillance dans l'espoir d'une circonstance aggravante ? Pour le café et les boissons chaudes, il possédait cinq pots expressément notés « à café » et deux plateaux en cuivre ou en argent, outre une bouilloire, une théière et « un sucrier avec sa cuiller », qui avaient sans doute leur usage naturel, les pots de cuivre étant de faible valeur. Il aimait le vin. Son cousin lui en offrit. En 1721, pour son mariage, il se fit livrer près de trois muids de vin du Rhin.

Les témoins invités à rassembler leurs souvenirs sur le maître sont muets sur ces points domestiques et préfèrent naturellement se rappeler son jeu ou sa technique plutôt que ses manières ou son bonnet de nuit, car on profite davantage d'en apprendre sur l'usage de son pouce dans les gammes que sur la couleur de son habit, mais à force de perdre chair, silhouette et timbre, toute substance humaine s'apparente bientôt à celle des spectres. Beethoven aimait tremper du pain dans sa soupe ; Mozart jouer au billard ; Chopin respirer le parfum des violettes. On ignore si Bach était chauve et à quel l'âge il le devint.

Les meubles n'en disent guère plus. Chez les Bach, le berceau était la plupart du temps occupé par un nourrisson, car il en naquit treize, rien qu'à Leipzig. Dix-huit chaises au total admettent peu d'invités dans une famille où l'on compte à peine plus de sièges que de membres, malgré « six tables ». De nombreux visiteurs étaient reçus, parfois hébergés — mais où assis ? « Sept bois de lit » indiquent qu'on partageait les couches. Le ménage employait une bonne au logis à qui l'on devait encore 4 thalers à la mort du maître. Nulle part il n'est fait mention d'un chat ou d'un chien dans la maison, mais il y avait probablement des oiseaux.

Le même Johann Elias, qui envoyait du vin à son cousin et des œillets à sa cousine, écrit à un certain Glaucha que le maître de chapelle « a raconté à sa chère épouse que vous possédiez entre mille choses aimables une linotte qui, grâce aux habiles leçons de son maître, fait entendre un chant particulièrement agréable. Comme madame ma cousine est grande amie de ce genre d'oiseaux elle a voulu savoir par mon intermédiaire si vous étiez prêt, Monsieur, à lui céder cette chanteuse contre un juste prix et à la lui faire parvenir par un sûr moyen de transport ».

Si la malheureuse linotte fut cédée, à quel prix, si elle survécut au voyage, rien n'en témoigne. Mozart possédait aussi un étourneau qui mourut dans sa cage. Il est certes regrettable et mystérieux que des hommes capables d'ajouter à la beauté du monde ne sachent estimer à quel point la captivité d'un oiseau chanteur en retranche au contraire. Léonard de Vinci n'achetait des oiseaux que pour leur rendre la liberté. Il n'en peignit aucun ni ne mangeait leur chair. En matière alimentaire, Bach ne s'appliquait pas le régime pythagoricien. Au menu du dîner auquel il assistait le 2 mai 1716 figuraient du brochet au beurre d'anchois, du bœuf à la mode, du rôti de veau. En juillet 1741, il remercia par écrit pour « la belle pièce de venaison ».

Pour l'humeur, le Cantor était assurément d'un naturel ombrageux, vindicatif et querelleur, surtout lorsqu'il se sentait interrompu ou contrarié dans ses pensées, c'est-à-dire presque toujours. Ce tempérament indisposait les interlocuteurs qui n'étaient pas d'abord enclins à l'admiration, en premier lieu ses supérieurs hiérarchiques, qui se plaignaient de lui au moins autant qu'il se plaignait d'eux. Hormis à Cöthen, chez « un prince gracieux, aimant la musique autant qu'il la connaissait et auprès duquel je croyais pouvoir terminer ma vie », et à Leipzig, quand son ami Gesner devint recteur de Saint-Thomas et le déchargea de toute besogne non musicale, le temps se passait continuellement en récriminations et conflits, partagé entre les reproches d'une hiérarchie étroite et les revendications de l'irascible organiste.

Dès son premier poste, en 1706, à Arnstadt, où le service était léger et le salaire avantageux, « il lui est demandé où il est allé récemment si longtemps et auprès de qui il en a demandé l'autorisation. *Ille* dit qu'il est allé à Lübeck pour y apprendre diverses choses relatives à son art, mais qu'il en a auparavant demandé l'autorisation à Monsieur le surintendant. *Dominus superintendans* déclare qu'il n'avait demandé que quatre semaines et qu'il est resté quatre fois aussi longtemps ; *ille* dit espérer que l'orgue a été tenu entre-temps par celui qu'il avait désigné ». Le consistoire regrette des accords « étranges », « d'étonnantes variations », des modulations trop fréquentes et dans des tons trop éloignés qu'il rapporte de son voyage et qui troublent « la communauté », et se plaint « qu'il n'a fait depuis aucune musique et qu'il s'entend mal avec les élèves. Il devra donc s'en expliquer et dire s'il accepte de jouer avec ses élèves... *Ille* : si on lui trouvait un véritable directeur il accepterait de jouer ».

Il ne s'accommodait pas aisément des critiques. « L'organiste Bach avait jusqu'alors préludé trop longuement, mais depuis que monsieur le surintendant lui en a fait la remarque il est tombé de suite dans l'extrême inverse et prélude trop brièvement. »

Quelques mois plus tard, nouvelles réprimandes, nouvelles dérobades : « A comparu l'organiste Bach pour déclarer s'il était prêt ou non à faire de la musique avec ses élèves car il considère qu'il n'est point déshonorant d'être rattaché à l'église et d'accepter son salaire. *Ille* : s'expliquera par écrit à ce sujet. *Nos* lui demandons en outre de quel droit il a récemment invité une jeune fille étrangère à la tribune du chœur et fait de la musique avec elle. *Ille* : il en a déjà parlé à M. Uthe. »

C'est dans cette même ville qu'il en était venu aux mains avec le bassoniste Geyersbach dont il avait traité l'instrument de « vieille bique ».

À tous ceux qui le rencontraient pour autre chose que la musique (fournisseurs, recteurs, grands seigneurs, domestiques, passants, artisans...), Bach semblait probablement désagréable, incapable de grâce comme d'humour. À le voir, lourd de corps et d'esprit sans souplesse, on ne l'eût jamais cru capable d'émouvoir tant de monde avec si peu de notes ni d'avoir été admis au concert des anges, ni qu'il fût le lieu d'un miracle ininterrompu. On se demandait plutôt pour qui le bonhomme se prenait, s'il se figurait que savoir tourner une fugue (ce qu'apprend tout élève musicien) le dispensait d'observer les usages, de respecter ses supérieurs, de faire le travail pour quoi on le payait, d'être aimable avec les inconnus, et s'il faudrait un jour plier le genou devant les ébénistes, les jardiniers et les cochers. Pourquoi, sous prétexte qu'il avait une meilleure connaissance du contrepoint qu'un moulineur de limonaire à qui l'on fait l'aumône, faudrait-il se découvrir à son passage plutôt qu'à celui d'un habile médecin, d'un bon cuisinier ou d'un architecte ? En quoi l'art de la fugue est-il supérieur ou plus utile que celui de mitonner les sauces ou de construire des édifices ? Il était certes meilleur musicien que d'autres, mais plus mauvais pédagogue que beaucoup et le moins conciliant du monde, aimable comme une porte de prison, affligé d'un caractère de cochon et d'une humeur de dogue, toujours à se plaindre, à protester, à faire la moue, ce dont les plis et les muscles de la face semblaient garder la dure empreinte. Quoique inoffensif et sans fiel, il ne pouvait s'accommoder du monde tel qu'il était, plein de bruits et d'objets sans basse continue, ni feindre de s'y résigner, guère plus à son aise dans la réalité criarde qu'un singe dans la neige. La quasi-totalité des humains, y compris ceux qui se prétendent amateurs, étaient en réalité des sourds qui n'y entendaient rien, raison pour laquelle on leur donnait évidemment tout pouvoir sur ceux qui créent de la musique où il n'y en avait pas avant, comme s'il revenait aux charretiers de diriger les troupes ou aux forgerons de célébrer la messe. La moue était bien la seule expression adaptée au monde vrai et à ceux qui le font ce qu'il est. Aussi présentait-il en toutes circonstances aux ambassadeurs de l'adversité un sourcil froncé, un front plissé, une face contractée par la défiance, imprenable forteresse qu'un simple mot de passe suffisait à ouvrir mais que peu connaissaient. C'était encore un étonnement perpétuel que le temps perdu à des sujets sans importance : l'intendance, les usages, le temps qu'il fait, la guerre contre les étrangers, la chasse aux animaux paisibles, le transport des denrées inutiles, l'interprétation des rêves ou le sacre des rois, et aussi les questions qu'on lui posait, non sur la nécessité de moduler dans des tons éloignés ou voisins ou d'obtenir une expression dramatique sans chromatisme, mais s'il était ici ou là, à tel endroit, avec qui, dans quel but, combien de temps, et pourquoi pas ailleurs, de même que quantité de gens s'interrogent sur la couleur de leur habit ou méditent sur les figures des jeux de cartes mais point sur la mort, la volonté divine ou l'ordre secret qui fait tourner les astres et briller les étoiles. Où est-il allé si longtemps sans autorisation ? Pour quoi faire ? Qui est la jeune fille de la tribune ? De quel droit ? Pourquoi pas de musique avec les élèves ? Que dire ? Déjà répondu, répondra par écrit, ne répondra pas, répondra plus tard…

Il quitte la tribune de Mühlhausen, pour des raisons analogues à celles qui lui avaient fait quitter la précédente et qui lui feraient ou lui auraient fait abandonner avec soulagement les suivantes, s'efforçant à une courtoisie insuffisante à dissimuler son humeur : « Même si mon but dernier a toujours été d'exécuter avec plaisir une musique sacrée bien réglée en l'honneur de Dieu et selon votre volonté, même si j'ai aidé autant que possible et selon mes faibles moyens la musique sacrée qui est en progrès dans tous les villages où elle est souvent meilleure que l'harmonie élaborée ici, même si j'ai acquis tout à l'entour et non sans frais une bonne collection d'œuvres de musique sacrée parmi les plus choisies, même si je me suis par ailleurs acquitté en tous lieux de ma tâche avec joie, tout cela n'a cependant pu se faire sans contrariété et il n'y a pour le moment pas la moindre apparence pour que cela change. »

Le consul de Mühlhausen jugera avec lucidité : « Puisqu'il n'a pas l'intention de demeurer, il faut bien consentir à cette démission. »

À Weimar, il fut mis aux arrêts « en raison de son attitude entêtée et du congé qu'il sollicita avec obstination ». Il y laissa une impression si pénible que cinq ans après sa « disgrâce déclarée » et son départ il était encore interdit de prononcer ou d'écrire son nom.

Cette peine fut sans effet sur le captif, opiniâtré dans sa résolution, ne laissant échapper plainte ni regret, insensible aux murmures des incapables, des ânes et des fripons dont la criaillerie glissait sur lui sans l'user, comme l'eau du ruisseau homonyme sur un roc. Rester longtemps assis entre quatre murs nus n'était pas une épreuve au-dessus des forces de Jean-Sébastien Bach, qui ne s'était guère entendu à discourir à tout propos et avait toujours montré peu d'inclination au bavardage ou à la distraction. Il avait au contraire accoutumé de concentrer tout son esprit sur un objet unique, la prière ou la musique, ou les deux réunies en duo. Un mois d'enfermement profite aisément à ces tempéraments. Qu'on lui eût fourni du papier réglé ou qu'on l'en eût privé ne l'empêcherait pas de compléter le *Petit Livre d'orgue* ou de commencer les suites et partitas pour instruments solitaires, comme le violon ou le violoncelle, dont la moitié était achevée en 1720. Il y aurait de la joie à savoir que de telles œuvres s'envolèrent d'un cachot occupé par un prisonnier assez libre pour savoir, comme avec les trompettes de Josué, faire tomber les murs des citadelles.

À Leipzig, le rapport d'un sous-greffier montre comme il réagit aux ordres : « Selon les ordres du très-sage conseil, je me suis transporté chez Monsieur Bach en cette ville et lui ai rapporté que la musique qu'il avait prévue pour le prochain vendredi saint devait rester interdite jusqu'à ce que l'on eût reçu l'autorisation ordinaire. Il me répondit à cela qu'il avait été ainsi empêché à chaque fois, qu'il ne demanderait pas cette autorisation, qu'il n'en avait que faire, que tout cela lui était un fardeau, qu'il avait l'intention d'annoncer à monsieur le surintendant que l'entreprise lui était interdite et que, si les hésitations étaient provoquées par le texte, ce texte avait déjà été chanté plusieurs fois. »

Tout est grief pour qui juge le monde discordant. La musique n'est jamais assez relevée, les exécutants assez habiles, les instruments suffisants, les autorités compétentes, le public averti, le salaire équitable, la vie assez bon marché, le temps assez clément. Les réprimandes sont plus nombreuses, plus vives et plus fréquentes à Leipzig, parce qu'il y résida le plus longtemps. « Il a refusé de tenir l'orgue lors des prières trimestrielles... Il n'a pas dirigé les élèves de Saint-Thomas pour leurs musiques et pour leurs chœurs... » « Sans en prévenir monsieur le bourgmestre, il envoya à la campagne un chœur d'élèves. Il est parti en voyage sans demander d'autorisation, fait pour lequel il a été rappelé à l'ordre et admonesté. Le Cantor ne fait rien, il refuse même toute explication à ce sujet... »

« Il fallait que le Cantor s'occupât des petites classes, ce qu'il n'a pas fait comme il aurait dû. » Les avertissements se multiplient en vain. « Il est incorrigible. Il faut en finir. » Le bourgmestre mentionne que le Cantor « montrait peu d'inclination au travail », jugement inattendu s'agissant d'un homme qui, en plus de son enseignement, composa cinq années durant une cantate par semaine, outre, par dizaines, passions, motets, oratorios, chorals, et messes, musique de clavecin, d'orgue et d'orchestre. On diminua son salaire.

Bach réclame tout autant contre les conditions qui lui sont faites, revendique « la complète rétribution pour l'ancien culte et le casuel afférent aux deux », préfère se mettre de nouveau en quête d'un autre emploi, écrivant à ce sujet au prince électeur : « que mon service n'y est point du tout aussi avantageux qu'on me l'avait décrit, que la vie est très chère dans cette ville, que les autorités y sont sujettes à des quintes d'humeur et ont peu de goût pour la musique. Ma vie s'y passe dans une contrariété perpétuelle, objet de l'envie et de la persécution ».

... car le ciel m'est témoin que j'ai toujours travaillé pour la plus grande gloire du Seigneur et pour mettre un peu d'ordre dans le chaos d'ici-bas continuant ainsi avec humilité l'œuvre du Créateur qui sépara le jour d'avec la nuit et la terre d'avec l'eau et le bruit de la musique de même que je tire l'or de l'ordure l'ordre et l'harmonie du charivari des bacchanales ou du sabbat mené par les canailles et que pour unique salaire de ce constant et appliqué labeur si l'on excepte l'aumône de quelques misérables thalers je n'ai jamais reçu que contrariétés ingratitude et tracasseries obstacles jetés sur mon chemin par la piétaille des tâcherons incapables d'harmoniser ne serait-ce que la berceuse de leur nourrice Dieu qui sait tout le voit mais aussi vrai que le feu brûle et que l'eau mouille je porterai ma croix avec patience et recevrai avec sagesse les épreuves dont la Providence jugera bon de m'affliger me contentant simplement de rédiger un mémoire qui les fustigera de la belle façon et d'écrire au prince électeur pour solliciter une fonction à la cour plutôt qu'une besogne dans ce trou à rats en attendant que pour complaire à l'engeance des fripouilles je m'abstiendrai désormais de composer quoi que ce soit de plus savant que des ritournelles de vielleurs de musicantres et de violoneux… — Mon Dieu, mon ami, pourquoi tant de colère pour si peu et l'avis de ces gens-là mérite-t-il qu'un vrai musicien se préoccupe de ces futilités alors que… ? Futilités ? Il se lève et arpente la pièce. Futilités quand ce sont ces fripons qui paient et qui commandent ? Parle-t-on de futilités lorsque… Voici qu'elle regrette ce mot malencontreux qui alimente son ressentiment et le fait s'emporter, et qu'elle attend avec placidité que l'orage passe…

Pour répondre aux autorités, il rédige un mémoire dont le titre autant que la matière rappellent les pamphlets d'alors : *Brève mais indispensable esquisse de ce qui constitue une musique d'église bien équipée, avec quelques réflexions impartiales sur son présent état de déclin*, où il se trouve des vérités aussi neuves que : « Une musique sacrée exige des chanteurs et des instrumentistes », et qui s'achève par un constat sans nuances : « Il est nécessaire de diviser l'ensemble de ces élèves en trois classes : 17 utilisables, 20 non encore utilisables, 17 qui ne le seront jamais. »

La querelle avec le recteur Ernesti dure deux ans, ponctués de requêtes, mémoires, ultimatums, expulsions et menaces, et différends que les autorités seront inutilement invitées à trancher. « Le recteur a eu récemment l'effronterie de pourvoir au poste de préfet sans mon concours. » Il demande « qu'on contraigne le recteur Ernesti à s'excuser de l'injure qu'il m'a infligée ». « Il m'a vivement blessé dans mes fonctions. » « Il a affaibli toute mon autorité. » « Pour ma grande offense et humiliation, il a interdit à tous les élèves de m'apporter leur concours. » Le recteur se plaint quant à lui que « le Cantor s'est moqué de M. le co-recteur aussi bien que de moi », que ses plaintes sont « impertinentes et infondées », que « M. Bach ne peut prouver que son incapacité », ou : « Comme on se trahit facilement lorsqu'on ment ! »

Même en offrant le *Kyrie* de la *Messe* à « Son Altesse royale et électorale », occasion solennelle qui se prêtait mieux à la piété qu'à la revendication, il ne peut s'empêcher de faire allusion à la « situation dans laquelle j'ai été exposé à divers affronts immérités et même à la diminution des accidentia à moi dus, ennuis qui ne se reproduiraient sans doute pas si Votre Majesté daignait m'admettre à la chapelle de la cour ».

La querelle une fois éteinte, lorsque Bach fut nommé compositeur de la cour, il n'y avait cependant aucune chance qu'il accordât jamais au recteur ni pardon ni oubli, ni salut si par mégarde ils se croisaient — ou à quiconque l'eût fâché. Il était périlleux de l'irriter, sa complexion farouche le portant vite à la fureur et au débordement. Geyersbach avait eu à éprouver son épée jusque dans sa chemise, où elle avait laissé des trous, qu'il exhibait en s'indignant. Le préfet Krause, favori du recteur abhorré, fut saisi par le collet et vivement conduit hors d'une salle où sa place n'était pas. Ses propres enfants durent plus d'une fois essuyer la correction qu'il pouvait s'emporter à leur infliger. Il déplorait surtout la conduite de son fils prodigue, Johann Gottfried Bernhard, qui ne lui écrivait plus, et dont il prévint qu'il ne paierait pas les dettes. Eut-il jamais envers sa femme un mot qu'il aurait regretté ? C'est auprès d'elle qu'il trouvait de l'apaisement, le soir, après dîner, si elle chantait et qu'il l'accompagnait tandis qu'un enfant s'occupait sous la table avec une bobine, oubliant un instant qu'il lui faudrait dès l'aube de nouveau tonner contre des élèves indisciplinés, maugréer contre une hiérarchie bornée, réclamer et récriminer, tout en pensant à la douleur du Christ humilié pour inventer le chant qui exprimerait le mieux ce pathétique événement.

On le voit sans peine rapporter chaque soir au logis les conflits de l'extérieur comme la boue des rues à ses semelles, en assourdir un instant sa demeure et sa femme, se lever du siège où il gesticule pour arpenter la pièce et revenir s'asseoir, tandis qu'elle l'écoute patiemment, l'approuve, s'afflige avec lui, tente à peine de l'apaiser, se signant en hâte aux jurons, et les enfants s'éloignant prudemment, sachant qu'en ces moments une taloche est plus vite et plus vivement partie que depuis le clavier, puis voici qu'il sourit, s'informe du repas, du linge, des dépenses, avant de se mettre au clavecin, que la colère passe avec le souvenir du monde et que la musique revient, céleste, immaculée, éternelle, infinie, solitaire, souveraine.

Bach savait être obséquieux dans des circonstances conventionnelles, mais le tact n'était pas son fort. Il n'avait pas seulement traité le basson de Geyersbach de « vieille bique », mais aussi le compositeur Gorner de « savetier » et le recteur Ernesti de « *Dreckohr, Rektor* », « Recteur, oreille de merde ». De ces insultes, la plupart s'est évidemment perdue.

Il était sévère avec les gens comme avec la musique, considérant que « la fin et la cause finale de la basse continue ne peut pas être autre chose que la glorification de Dieu et la récréation de l'âme. Où cette fin n'est pas prise en considération, il n'y a que braiments d'ânes et rengaines d'orgue de Barbarie ». Ou que l'opéra qu'il écoutait avec plaisir à Dresde faisait « de jolies chansonnettes ». Ou que la musique de Carl Philipp Emanuel « se décolore comme du bleu de Prusse ». L'estime qu'on lui témoignait lui semblait au-dessous de celle qu'il méritait. Lorsqu'il se porta candidat à une chaire d'organiste à Hambourg, on lui demanda 40 thalers pour participer au concours, ce qu'il refusa. Le prédicateur local, Neumeister, immortalisa à cette occasion son nom et sauva l'honneur de sa ville en déclarant que « si un ange était descendu du ciel pour jouer de l'orgue à Hambourg mais sans avoir d'argent il n'aurait eu qu'à reprendre son vol ». Plus tard, le Dr Platz, *dominus consul* de Leipzig, immortalisa également le sien, mais *a contrario* lorsque, au moment d'embaucher Telemann, Graupner, Heckrel ou Bach, il crut justifier le choix du dernier, faute de mieux après le désistement des autres, en disant : « Puisqu'on ne peut avoir les meilleurs, il faut se contenter de prendre les médiocres. » Le Dr Steger, du même conseil et en cette même occasion, et d'une égale perspicacité, crut le défendre en déclarant quant à lui : « Bach est tout aussi bon que Graupner », par quoi il serait légitime qu'il accédât aussi à l'immortalité.

Le vendredi saint de 1729 où la *Passion selon saint Matthieu* fut exécutée dans l'église Saint-Thomas, la majorité des bourgeois préféra écouter dans la nouvelle église celle de Forbe, intitulée *Der für die Sünde….*

Et puis, Saint-Thomas n'offrait pas tant d'agréments que les palais de Cöthen. C'était un bâtiment surpeuplé, incommode, venteux, sans hygiène, avec une seule salle occupée par trois classes, qui servait aussi de réfectoire. Les pensionnaires ne disposaient pas toujours d'un lit pour eux seuls. Le directeur de la musique était tenu d'y effectuer la surveillance une semaine par mois, de 4 heures du matin à 8 heures du soir, tant aux prières qu'au réfectoire, à l'étude et au dortoir, où il procédait lui-même à l'extinction des feux. Il s'était dispensé des cours de latin en payant un remplaçant, qui ne donna pas satisfaction. Il ne se sentait qu'en partie employé à ce que lui seul pouvait faire, mais cela, plusieurs le savaient qui vivaient en même temps que lui et pouvaient demander à être reçus, ce qu'il accordait volontiers.

À défaut de ses manières de table, des indications sur son jeu sont parvenues à la postérité : l'exécution des traits sans lever les doigts, le passage du pouce plus fréquent qu'il n'était alors d'usage, le jeu du pédalier, rapide et intense y compris dans les appoggiatures et les mordants, la rigueur dans la vélocité et la précision, la position du corps, immobile et sans torsion, la relation entre les différents registres de l'orgue, l'accord de la musique et des paroles. Geisner, qui l'avait connu à Weimar, et qui fut quatre ans son supérieur à Leipzig, se rappelait comme il dirigeait les musiciens. « Si tu le voyais lors d'un concert... chantant non pas une seule mélodie comme un citharède tenant sa seule partie mais prêtant son attention en même temps à trente ou quarante musiciens, avertissant celui-ci d'un signe de tête, celui-là d'un battement de pied, rappelant à un troisième le rythme et la mesure d'un doigt menaçant, donnant à l'un la note haute, au second la basse et au troisième la médiane ; la manière dont, seul au milieu des passages les plus bruyants de la musique et bien qu'il tienne lui-même la partie la plus difficile, il remarque immédiatement que, quelque part, quelque chose n'est pas joué comme il le veut ; la manière dont il maintient dans leur ordre l'ensemble des musiciens, apportant son concours à tous lorsqu'il y a une hésitation quelconque, rendant à tous la confiance ; la manière dont il ressent le rythme dans tous ses membres, examinant toutes les harmonies d'une oreille précise, faisant entendre de sa seule voix toutes les autres. »

Sourcilleux sur les points d'étiquette, sûr de ses talents, Bach se montrait peu conscient de son génie, modeste où d'autres eussent triomphé. Il ne pensait pas qu'il fût si difficile de faire comme lui. Il avait si bien dépassé la technique, celle du jeu et de la composition, qu'il prétendait volontiers pouvoir tout jouer « à livre ouvert » (c'est-à-dire déchiffrer à vue), en quoi il reconnut d'ailleurs s'être abusé. Il avait coutume de dire : « Il doit être possible de tout faire. » Si l'on se plaignait de la difficulté de ses œuvres, il répondait : « Travaillez-la seulement avec diligence et cela marchera très bien. Vous avez à chacune de vos deux mains cinq doigts aussi bons que ceux que je possède. » Le travail était pour lui la clé de toute réussite. « J'ai travaillé dur, disait-il. En travaillant, n'importe qui réussira aussi bien. » Et aussi : « Ce que j'ai atteint par le travail et l'application, un autre possédant un peu de naturel et d'habileté y parviendra aussi. » Jouer d'un instrument lui semblait une opération mécanique, comme de régler une pendule. « Il n'y a qu'à frapper la note qu'il faut au moment qu'il faut et l'instrument joue tout seul. » On dit qu'il composait les pièces les plus ardues « en un tournemain », sur un coin de table ou devant l'élève qui patientait au clavier. Il ne lui paraissait pas plus difficile d'écrire des suites ou des chorals qu'à un pommier de produire des pommes.

Car le monde, par la grâce de la musique et jusque dans ses plus modestes manifestations, peut également être perpétuel sujet de joie et d'éblouissement, comme soudain lorsqu'on voit sur la table du repas, de gauche à droite, un petit verre, un grand verre, une bouteille, un grand verre, un petit verre, et que la Providence dans sa bonté a disposé ces objets sous la forme A B C B A c'est-à-dire de façon cyclique ou symétrique comme les deux parties du transept flanquent la nef ou comme les deux bras de la croix, si bien que les deux thèmes se développeraient autour d'une section centrale plus longue et que la meilleure façon d'exalter cette forme pour la ramener à elle-même dans le *da capo* serait d'inverser le thème final par mouvement contraire pour l'accrocher au retour du thème initial, et dans sa hâte Bach retourne le grand verre de droite sur la nappe de façon à orienter le pied vers le plafond, ce qui fait taire les conversations de toute la famille, anxieuse d'une explication. Mais, indifférent à la surprise qu'il provoque sans la voir — comment n'y a-t-il pas pensé plus tôt ? — voici déjà qu'il oublie son assiette et sa faim et qu'il brûle de courir au grenier pour étudier la disposition de la charpente et comment la transposer musicalement de sorte que tous les thèmes concourent à l'harmonie de l'ensemble, chef-d'œuvre manifeste de l'agencement des diverses parties en vue de constituer un tout qui apparaîtra mieux que jamais sous l'angle de l'équilibre et de l'unité comme les chevrons et les fermes s'organisent en toit, et qu'il quitte la table en promettant d'y revenir, motif de stupéfaction supplémentaire.

Vers 1738, alors qu'il avait déjà passé sa cinquantième année, on commença pourtant de juger qu'il y avait dans sa musique certes beaucoup de science et d'art, mais aussi une « emphase qui détourne du naturel », quelque chose d'« artificiel » et d'« obscur », que ses œuvres étaient trop compliquées à jouer comme à entendre, qu'elles manquaient « de conviction », contrairement à celles de M. Graun, qui en avaient tant. On remarqua « certaines fautes qui ne sont pas petites » et on crut utile de rappeler que la connaissance et le respect des règles « ne font pas, et de loin, un grand compositeur ». Jean-Sébastien Bach ne continuait-il pas de se conformer d'ailleurs « aux usages d'il y a vingt ou vingt-cinq ans », qui n'étaient plus les mêmes qu'aujourd'hui, où l'on préférait la simplicité d'un air aimable et franc, une harmonie moins empesée que galante ? Bach, habituellement si prompt à s'emporter contre une note de trop ou un mot déplacé, ne répondit rien à ces critiques. Il songeait peut-être que les temps changeaient en effet et que les harmonies d'autrefois pouvaient sonner avec moins de charme aux oreilles distraites, satisfaites avec « des chansonnettes » ou « du bleu de Prusse qui se décolore ». Il n'en concevait nul souci. Le public pouvait bien perdre le goût de la basse continue et du contrepoint pour se plaire à la mélodie accompagnée, aussi facile à retenir et à jouer que celles des bateleurs de foire qui frappent la mesure sur des cymbales. Peu lui importait de flatter les oreilles de ses contemporains. Quand même il vivrait dans un monde entièrement peuplé de sourds, il n'en composerait pas moins.

Il n'aurait su mieux répondre qu'avec une œuvre qu'on pût jouer comme on voulait, à la vitesse qu'on voulait, sur l'instrument qu'on voulait, dans l'ordre qu'on voulait. Il pensait souvent à rassembler tout son art dans une musique ultime qui résumerait toute la science du contrepoint, tout l'art de la fugue. Il n'avait pas besoin qu'on l'écoute ni qu'on la joue, ni même qu'on la lise, il lui suffisait de l'écrire. Il n'y faudrait qu'un thème de quelques notes pour développer sans fin des heures d'harmonie que rien ne décolorerait, qu'on pourrait entendre et répéter sans en concevoir plus de lassitude qu'à l'air qu'on respire. Ce serait chose aisée. Il n'y faudrait que du temps, et celui-là viendrait quand il pourrait se dispenser de la musique sacrée ou faite pour les commençants ou les amateurs. Cette fugue achèverait sa vie et son travail en les couronnant comme la charpente et le toit font d'une maison. Il écoutait cependant les rafales du vent dont la basse continue soutenait les gouttes de la pluie ruisselant au carreau en autant d'appoggiatures, en pensant que l'aria n'est pas nécessaire lorsque l'harmonie se suffit autant à elle-même que les couleurs d'un tableau dont le sujet indiffère, comme le prélude d'arpèges pour le clavier en *do* majeur, et il finissait en même temps d'agrafer une de ses onze ou douze chemises estimées sans valeur, dont les boutons et boutonnières n'étaient séparés les uns des autres que par un petit espace à peu près chromatique, comme le *si* bémol l'est du *la* et le *do* du *si* bécarre.

Pour acquérir la maîtrise à laquelle il était, jeune encore, parvenu, Bach avait travaillé sans trêve ni répit, avec une ardeur qui surprenait les plus exigeants pédagogues. Ses progrès guidés par quelque obscure nécessité indiquaient assez qu'il était à cela destiné par le Ciel. Il touchait si adroitement le clavier qu'il semblait venu au monde en le sachant déjà. Il n'avait pas seulement exercé ses doigts et formé son esprit. Comme un peintre imite les maîtres, il avait recopié par centaines les œuvres de compositeurs dont il assimilait l'écriture et dont ses mains, note après note, prenaient l'empreinte. Il s'était ainsi imprégné des suites de Nicolas de Grigny et de Charles Dieupart, et aussi de Vivaldi, Corelli, Frescobaldi, Legrenzi, Albinoni, et encore de Bohm, Froberger, Pachelbel… Il fallait lui ôter la musique pour l'empêcher de la copier. Lorsqu'on le privait de chandelle, il noircissait ses portées au clair de lune ou dans l'obscurité, au risque de s'y user les yeux, comme on le crut plus tard, mais sans doute à tort, car personne ne rapporte l'avoir vu avec des lunettes. Il copiait de son écriture régulière, dans cette abondance de quadruples croches où les barres et les queues ondulent pour figurer si bien des lignes de rythme qu'il semble que la musique s'entend aussi bien qu'elle se voit. Avec le temps, le signe s'épure sans perdre en lisibilité. La note se réduit à une pression plus forte sur la portée à l'appui de la plume, et se délie en remontant quand la main se relève en un seul mouvement. Plus tard, quand il y aura tant et tant de musique à noter, il copiera encore et encore, pour lui, pour le graveur, pour les chanteurs, pour les pupitres, mettant si souvent Anna Magdalena à contribution que les écritures à force se ressemblent et qu'on peine depuis à reconnaître quelle main les traça. Bach aimait à copier, ses manuscrits le disent, comme il aimait à voyager, ses fréquentes absences le montrent.

À seule fin d'écouter un maître dont il pouvait apprendre quelque chose, il ne craignait pas de marcher jour et nuit dans le vent et la pluie. Il partait vers le nord plutôt que vers le sud. Il avait parcouru plus de trente lieues à pied, de Lunebourg à Hambourg, pour entendre Reinken à l'orgue, dix fois autant d'Arnstadt à Lübeck, en hiver, où jouait Buxtehude. Quand même une partie du trajet s'effectuait en voiture, la distance a de quoi occuper plusieurs jours un piéton vigoureux. Il marchait, calmement, régulièrement, obstinément, comme il écrivait, comme marche la basse dans le choral *Ich ruf zu dir* ou dans tant d'autres morceaux. Il dormait au bord des routes ou dans des auberges de maigre réputation, mangeait sur le pouce, contre une borne, sur une marche ou sur la margelle d'une fontaine, pour arriver plus vite à la musique. Le bruit régulier de ses talons faisait battue sur la grand-route ou sur le pavé des villages, et rythmait l'air chanté pour s'encourager sur les chemins. Il allait pas à pas à la conquête d'un espace aimanté par la musique, avec les arbres pour barres de mesure, les champs pour continuo, les touffes d'herbe, les cailloux, les mottes pour accidents, le flanc d'une colline pour crescendo, les lambeaux de bois pour cantus firmus, la vallée pour basse. Au bord des talus, il notait la mélodie qu'il harmoniserait en hâte sur un coin de table, le soir, à l'étape, avec des lettres et des chiffres, car s'il oubliait vite les visages ou les noms il conservait l'exacte mémoire des sons.

Il lui fallait voyager longtemps pour rencontrer quelqu'un qui pût le conseiller tant il avait d'expérience et de dextérité. À Lübeck, dans la bibliothèque de Buxtehude, comment n'aurait-il pas consulté le recueil intitulé *Contrapunctus* qui, comme son titre l'indique, contenait des contrepoints, et peut-être conçu alors l'œuvre par laquelle il dépasserait un jour ses maîtres, en science autant qu'en profondeur ? Peu à peu, à force de modeler les airs, de varier les thèmes, d'insinuer une voix entre deux autres, d'orner les basses continues, il atteindrait la parfaite maîtrise de l'art raisonné des sons. Dans vingt ans, il saurait construire sur un seul thème plus de cent variations, autant de fugues, des canons en pluie. Encore dix ans et il parviendrait à faire entendre trois voix différentes sur une seule mélodie sans accompagnement. Puis une seule voix pour tenir à la fois la mélodie, le contrechant et l'harmonie. À l'âge de cent ans, si Dieu le voulait, une seule note écrite serait déjà musique, de même qu'un seul trait peut déjà être dessin, vol d'oiseau, épi de blé, touffe d'herbe, accord de septième cherchant sa portée comme un papillon la fleur.

S'il avait pu profiter d'un banc et d'une couverture dans une auberge, il y rentrait le soir, vibrant encore du chemin dans les jambes et de l'orgue dans les oreilles. Avant de s'endormir, il regardait les araignées filer entre les poutres. La lueur indécise d'une chandelle de résine révélait un fauteuil qui boitait sur ses pieds inégaux et laissait échapper une mèche de crin par une déchirure du cuir. Malgré l'inconfort, ces voyages auguraient souvent de francs appétits et de paisibles nuits. Il avait à peine le temps de disputer un thème de passacaille aux beuglements d'un buveur attardé que le sommeil versait déjà sur ses paupières une poudre dorée.

Plus tard, il alla fréquemment à Dresde, et aussi à Berlin, alors qu'avait pu lui passer, avec la cinquantaine, le goût des randonnées ou la force d'affronter le vent sur les chemins. Même s'il lui était resté du plaisir à marcher et du profit à penser en mouvement, il est raisonnable de présumer que le compositeur de la cour, le temps passant, voyagea davantage en voiture, soit parmi les passagers d'une berline soit dans une chaise particulière mise à sa disposition pour la circonstance. Mais, malgré les cahots et la poussière, il pouvait, comme Haendel ou Telemann, mettre à profit le temps de ce transport pour écrire.

Vers quoi s'orientaient ses idées dans ces paysages lentement traversés ? Toute pensée véritable s'efforce à l'harmonie. L'esprit ne voit que ce qu'il cherche, et de même qu'une proie immobile est invisible aux yeux du prédateur conçu pour la poursuite, Bach n'entendait du monde réel que la face visible de fugues potentielles : la multitude toujours variée des visages humains, le bruit des dés dans un cornet aussi bien que le rapport entre les couleurs, dans un tableau comme partout ailleurs. La forêt n'était qu'une longue fugue-arbre à mille sujets dont chacun se ramifie avec les branches et que la succession accélère en fonction de la vitesse des chevaux, du nombre ou de la densité des troncs, tout entière vibrant au lever du soleil de multiples fugues-oiseaux aux traits mélodieux et flûtés, et il y avait aussi des fugues-nuages et des fugues-vent en levant la tête, des fugues de neige et des fugues d'eau qui s'insinuaient entre les fugues-collines quand la lumière du soir ou du matin étage leur silhouette sans relief. Car la nature se fait fugue aussi dans le temps qui passe et dans les rapports qu'elle montre entre les choses, comme si un dieu musicien l'avait créée faute de papier à musique : le bruit d'une feuille froissée et celui du feu, les rides au coin des yeux et certains plis des draps à l'angle des lits, l'étendue des champs et celle des mers ou des lacs, les craquelures de la croûte du pain et la gueule béante des monstres.

Car de même que le ciel se meut d'après une loi de tout temps ordonnée et que les choses sont soumises à une règle immuable, Bach pensait qu'il existe nécessairement un principe dont tous les autres procèdent et qui les assujettit à une puissance supérieure. Guidé par cette idée qu'il n'avait pas cherchée mais qu'il portait en lui comme un arbre porte son fruit, il se représenta ce qu'était l'harmonie et qu'il lui revenait seulement de l'extraire de toute chose terrestre ou céleste pour l'apporter au monde, pareil à l'apothicaire qui extrait l'essence d'une plante pour guérir les hommes. Ainsi hommage permanent serait rendu au Seigneur et à Sa création, dans les parties ou dans le tout, par des sons éclatants ou mélancoliques mais toujours gouvernés par une primordiale harmonie.

Les choses les plus abstraites n'avaient pas moins de correspondances tenues en sympathie par ce principe de continuité. Il avait établi de rigoureuses équivalences entre les chiffres et les mystères sacrés. Le chiffre 7 représente la foi, 5 le Christ, 3 la Trinité, 4 la Croix, 6 la Création, 10 la Loi, 11 l'opposition à la Loi, 12 les apôtres, 13 la trahison, 14 Bach. 3 + 4 = 7. 5 + 7 = 12. Il s'amusait de jeux dont il connaissait seul les règles : comme le texte du chœur central de l'*Actus tragicus* (*Er ist der alte Bund, Mensch, du musst sterben*) s'additionne en 626, les quatre voix comptent chacune 626 notes. « La musique est le secret exercice arithmétique de l'âme », écrivait Leibniz. « Cherchez et vous trouverez », écrivait Bach à Frédéric II en lui envoyant les canons de *l'Offrande musicale,* dont le sens n'a pas été percé.

Quand il marchait au-dehors, il paraissait souvent aller comme en lui-même, seul, absent, aveugle aux formes du monde, sourd à son bruit, n'entendant ni querelle d'ivrognes aux portes des tavernes ni cris d'étaliers sur les marchés. Nul ne montrait pourtant plus d'attention aux choses. Si les édifices l'intéressaient dans leur architecture plus que par leur façade, ce n'était pas par les proportions de leurs parties ni par la commodité de leur agencement mais par le rythme de leur composition : ici, la façon dont s'élèvent les verticales des murs ou des colonnes jusqu'au point de leur intersection ou de leur convergence avec les corniches ou linteaux ; là, le mouvement de spirale qui fait tourner les escaliers ; ailleurs, le pouvoir qu'a la perspective de multiplier en les diminuant les caissons du plafond ou les clefs de la voûte. De même, s'il lui arrivait de s'arrêter au passage de chevaux, ce n'était pas pour admirer la prestance ou la robe de l'animal ou du cavalier mais parce qu'il avait entendu trotter sur un rythme binaire décomposé en trois temps, alors qu'un fer plus sonore accentuait sans le prolonger un battement fort dans l'intervalle qui précédait le temps faible, et que de ce rythme inégal et répété naissait une délicieuse hésitation entre syncope et contretemps. Il était donc possible de faire sonner le monde dans l'oreille des hommes comme il se reflète sans doute dans l'œil de Dieu : avec toutes ses parties fondues au creuset d'une seule.

Il pouvait improviser, écrire instantanément, comme sous la dictée, en voiture ou en compagnie, des pièces savantes. Mais il améliora sans cesse d'anciennes cantates que le calendrier avait naguère un peu précipitées, reprit et corrigea toute sa vie les morceaux auxquels il entendait donner leur forme parfaite et définitive, comme s'il finissait non par les composer à partir de rien mais par les retrouver tels qu'ils avaient été quelque part cachés en attendant d'être découverts par lui, rébus secrets ou cristaux souterrains.

Ni enfants dans les jambes, ni recteurs sur le dos, ni registres au pupitre : l'air libre et l'âme ouverte. Fuguer : s'enfuir du lieu où l'on réside habituellement. Recteurs, intendants, consistoires, margraves, électeurs et régents, et vous autres, majestés, magnificences et seigneuries, magisters, très-sages et très-savants patrons, écrivez tant qu'il vous plaira sur des tables d'airain, cent fois vos ordonnances particulières auront paru et disparu aux yeux des hommes pétris de boue et voués à la poussière que pas un iota n'aura frémi dans l'ordonnance générale de l'univers, le système de la nature et la suite des âges, pas une seule note de la partition divine, car c'est chose singulière et merveilleuse que l'universelle harmonie soit par chacun modifiée selon ses goûts sans que jamais la grandeur en soit diminuée ni changée, de même que la taille et la forme des brins d'herbe varient à chaque instant sans affecter en rien l'apparence de la prairie.

Mais les jours ne lui étaient pas moins qu'à un autre comptés, et il fallait accomplir tout ce qui pouvait l'être quand il en était temps. L'inachevé lui causait un malaise, comme un accord non résolu. Il ne craignait pas la mort, sachant que les justes vont au paradis, mais il doutait peut-être qu'on y fît de la musique, et regrettait qu'un terme fût mis un jour pour lui à la faculté de composer. « Travaillez tant que vous avez de la lumière », dit l'Écriture. La lumière lui manqua avant le temps.

Bach était myope. Plusieurs des siens avaient fini aveugles. Il souffrit des yeux. Les dernières années, les paupières devinrent plus lourdes, le regard moins perçant, tourné, comme on le dit souvent, vers l'intérieur. Une taie éteignait ses prunelles et la lumière autour de lui. Toute clarté le blessait. Il baissait la tête en posant son avant-bras sur le front. La chandelle, de peu d'éclat, lui convenait mieux que le jour. Il lisait avec de plus grandes difficultés, car les verres des opticiens restaient sans secours contre son mal. Cependant il écrivait et son écriture demeurait la même, quoique plus fluide. On le voyait aller dans la pénombre sans s'éclairer. Il est vrai que c'était une saison où les jours sont longs. Sa main tâtonnait sur le chambranle de la porte avant de la franchir, sur le dossier du fauteuil avant de s'y asseoir. Il se déplaçait avec prudence et refusait qu'on l'aide tant qu'il pouvait se conduire seul. Au clavier seulement ses doigts gardaient sûreté et précision. Il dictait ce qu'il ne pouvait écrire. L'obscurité gênait à peine son travail. Il pensait qu'on ne trouve de vraie lumière qu'en soi-même. Le feu et le soleil ne sont que des commodités, comme des lampes.

Un médecin anglais de passage à Leipzig, John Taylor, fort élogieux de ses propres méthodes, fut présenté à Bach, qu'il prétendit guérir. Le président de Brosses écrit en 1739 qu'il le vit « ôter le cristallin de l'œil en fourrant dans la cornée ou le blanc de l'œil un petit fer pointu d'un demi- pied de long » et il ajoute que cet homme lui parut « un grand charlatan ». Taylor opéra en avril le « musicien célèbre » dont il oublia le nom, en épongeant avec des linges le sang qui coulait tandis que le patient serrait les poings pour s'empêcher de gémir, et il se targua aussitôt de sa réussite. Dans ses souvenirs, il affirme encore : « Je rendis la vue à un musicien célèbre », tant la conviction l'emporte sur la vérité. « L'opération a été couronnée du plus parfait succès si bien que Bach a retrouvé la pleine acuité de sa vue », écrivit un journal de Berlin. Une brève amélioration suivit bien cette opération, mais la cataracte réapparut bientôt et rendit nécessaire une seconde intervention, qui réussit si bien que Bach en resta aveugle. Le même Taylor s'exerça huit ans plus tard sur Georg Friedrich Haendel, avec le même résultat, de sorte qu'il se fût à meilleur escient vanté d'avoir aveuglé et tué les deux plus grands musiciens de son temps.

Bach porta alors jour et nuit un bandeau sur les yeux. Il pouvait jouer mais guère écrire. En mai, il rédigeait encore la quittance d'un piano-forte. En décembre, c'est son fils qui signait pour lui la commande d'un orgue. Il se laissait guider d'une pièce à l'autre, soit en donnant le bras, soit en prenant l'épaule. L'obscurité faisait point d'orgue. Toute colère cédait. La douleur l'occupait nuit et jour. S'il eut alors de la musique en tête, elle ne fut point marquée sur le papier et se perdit. L'harmonie pouvait jaillir de lui comme une eau claire que plus rien ne retient ni ne recueille de même que l'homme qui applique ses paumes sur les yeux quand il pleure ne contient pas ses larmes pour autant.

Avec une étrange impatience, le conseil de Leipzig mit son poste au concours « au cas où le maître de chapelle et Cantor Sébastien Bach viendrait à trépasser ». Celui-ci ne put ignorer le nom de son successeur désigné : Gottlob Harrer.

Il n'avait pas jusqu'alors recherché la solitude mais elle vint avec douceur se blottir contre lui comme font les animaux familiers. Lui qui avait si volontiers accueilli les visiteurs semblait n'éprouver plus qu'ennui et répugnance lorsqu'il fallait recevoir et parler. Il prétextait la fatigue pour écourter les conversations et déclinait les propositions. Il ne sortait plus guère de chez lui. *Peu m'importe le monde*, dit la cantate du neuvième dimanche après la Trinité. Pour lutter contre les « inflammations », on lui administra des remèdes qui ébranlèrent sa santé et en eurent enfin raison, d'autant qu'il avait depuis peu vieilli et qu'il était fatigué. Il lui parut urgent de dicter le choral *Seigneur, me voici devant Ton trône*, dont la première ligne compte 14 notes et la mélodie 41.

… oui Seigneur me voici moi pécheur à l'instant de paraître devant Ton trône pour implorer Ta clémence car si j'ai trop souvent manqué de patience envers ceux qui peuplaient mon chemin et parfois ma maison j'ai toujours composé avec modestie et bienveillance et du mieux que j'ai pu sans ménager ma peine ni compter mon temps et ainsi traversant d'un cœur également fort la mer agitée ou les vents contraires une même volonté de servir mon Dieu a guidé ma main débile et dirigé mon faible esprit et cependant n'ayant jamais négligé ni les charges de mes emplois ni celles de ma famille j'ai bien mérité de prendre place à Ta droite y compris par ce dernier chant en forme de motet arrangé en choral où mon nom s'inscrit dans le nombre et que quoique sans yeux ni doigts pour en inscrire la trace j'ai pu porter jusqu'à sa vingt-sixième mesure autant que dans cette ultime fugue où le nom de Ton serviteur apparaît dans les notes et que j'ai tenue jusqu'à la mesure 239…

Le 22 juillet, il reçut la communion. Il ne semblait pas être en agonie, car on ne sentait point de lutte, mais plutôt une fin, comme celle des arbres, ou comme le silence se fait lorsque la musique s'éteint. La fièvre et la faiblesse avaient-elles brouillé en lui toute polyphonie ou vit-il au contraire, au bout d'un long tunnel, une perspective sans fin de fugues dans tous les tons ou sans tonalité aux sujets en nombre indéterminé ? Il mourut le mardi 28 juillet 1750 vers 8 heures du soir, entouré des siens, n'ayant recouvré la vue qu'un instant, dont on aurait profité pour lui présenter une rose, anecdote controuvée, imaginée par une Anglaise en 1925. Après sa mort, le conseil jugea : « Monsieur Bach a certes été un grand musicien mais non un bon maître d'école. » Il fallait « une personne qui soit habile dans les deux matières... Monsieur Harrer ». Le successeur pressenti fut nommé.

Les huissiers procédèrent à l'inventaire de ses biens. Bach laissait, outre du linge (habits et chemises...), des livres (*la Pureté de l'enseignement de la foi...*), des meubles (chaises, fauteuils, armoires...), des objets (argenterie, étains...), des dettes ou créances (dont une part dans une mine), plusieurs instruments qui renseignent sur la musique pratiquée au foyer : cinq clavecins, deux luths-clavecins, une épinette, trois violons, trois altos, une petite basse, deux violoncelles, une viole de gambe, un luth. Pas d'instrument à vent.

Sur ses derniers instants, Carl Philipp Emanuel écrivit plus tard : « Non seulement il ne retrouva pas la vue, mais son corps par ailleurs encore si sain fut complètement perdu par là même, par certains médicaments néfastes qui furent ajoutés et diverses autres choses si bien que la maladie ne le quitta presque jamais ensuite pendant six mois entiers. Dix jours avant sa mort, l'état de ses yeux sembla soudain s'améliorer si bien qu'un matin il put voir très bien et supporter la lumière. Quelques heures plus tard cependant il fut frappé d'un coup de sang suivi d'une forte fièvre à la suite de laquelle il s'en fut paisiblement malgré tous les soins possibles de deux médecins les plus habiles de Leipzig, le 28e d'août 1750 à neuf heures un quart du soir, dans la soixante-sixième année de son âge. »

À 65 ans et 4 mois, Jean-Sébastien Bach finit comme un fruit mûr tombe en remerciant l'arbre qui l'a porté, sans douleur ni regret, et c'était grand dommage. De tous les compositeurs qui naquirent en 1685, comme Haendel et Scarlatti, ou un peu avant, comme Telemann ou Rameau, c'est lui qui vécut le moins. Tous ceux qui aimaient sa musique auraient souhaité qu'il en écrivît davantage et terminât au moins la fugue à quatre voix de *l'Art de la fugue*, tâche impossible à tout autre que lui. Mais cela ne se pouvait, car tant qu'il fut en vie il composa autant et du mieux qu'il le sut.

Voici quelle fut la vie de Jean-Sébastien Bach.

Il naquit au premier jour du printemps, le 21 mars 1685, à Eisenach, près d'Erfurt, dans une belle maison rustique aux tuiles bien assurées, avec jardin et puits. Son père, qui brassait aussi de la bière, était musicien, et le père de son père, et tous ses ancêtres, depuis un meunier boulanger qui jouait de la cithare en écoutant tourner son moulin. Jeune encore, ayant perdu sa mère et peu après son père, il fut recueilli par son frère aîné Jean-Christophe, organiste à Ohrdruf, personnage massif, vindicatif et mécontent, à qui il dédiera un capriccio en *mi* majeur. Il étudia le latin, le français et la théologie, et garda toute sa vie, avec l'amour du sacré et le sens du mystère, le goût de mêler l'allemand au latin et au français. Ceux qui l'approchaient le disaient « artiste ». Comme il avait très tôt développé une disposition exceptionnelle, on se figure qu'il passa son enfance rivé à des claviers, le nez dans les portées, mais il peu d'escrime et il marchait beaucoup. arrivait de monter en voiture par comm jamais on ne le vit à cheval. Il se déplaçait pour entendre des orgues, dont il observait aussi la construction, ou des organistes dont il étudiait les improvisations, ou pour recevoir l'enseignement de maîtres, mais il y en avait peu dont il pût profiter. Quand il ne pouvait rencontrer un compositeur qu'il aimait parce qu'il vivait en France ou en Italie, ou qu'il était mort, il copiait sa musique.

En 1700, à l'âge de quinze ans, il partit pour Lunebourg où il gagnait 12 groschens en chantant dans les chœurs ou en soliste, et, moyennant un supplément, dans les rues aux mariages et aux enterrements ; quand sa voix eut mué, il tint le violon et l'alto dans l'orchestre, et parfois l'orgue, où il excellait. Il fut nommé organiste à Arnstadt puis à Mühlhausen. Il portait alors l'épée. Il reçut les leçons de Böhm à Lunebourg, puis de Reinken à Hambourg et de Buxtehude à Lübeck, où il séjourna quatre mois. Il assista aux soirées musicales qui étaient alors en grande vogue et dont son style profita, car sa manière avait changé lorsqu'il revint. Il avait déjà composé quelques sonates pour l'orgue ou le clavecin, des fugues et des préludes, des toccatas. Bien qu'appelées « œuvres de jeunesse », la plupart sont fort belles. Aucune n'ennuie. Ceux qui l'avaient une fois entendu en restaient émerveillés pour la vie.

Il épousa en 1707 Maria Barbara Bach, sa cousine au troisième degré. Elle l'aima. Il en eut sept enfants dont quatre vécurent.

Il entra ensuite à la cour de Weimar avec les fonctions d'organiste de cour et musicien de la chambre. Il aimait à se rappeler les grosses maisons de son enfance, où les talons sonnaient sur l'inégal carrelage du rez-de-chaussée, les planches rabotées à l'étage, pour les comparer aux ors, aux stucs, aux lustres, aux marbres et aux parquets des palais où il évoluait à présent. Les instruments ornés, les virtuoses éblouissants, les oreilles raffinées lui plaisaient, nonobstant ce qu'ils ont de vain et de futile. L'admiration des princes, bien qu'elle fût légitime, le flattait. Il composa des cantates, des concertos pour divers instruments avec ou sans accompagnement d'orchestre, des pièces de clavecin et d'orgue. Plusieurs élèves suivaient son enseignement. En 1717, vexé qu'on eût attribué à un autre le poste qui lui revenait, il abandonna la cour de Weimar pour celle du prince Léopold d'Ahnalt-Cöthen, dont il devint le maître de chapelle. Il se plut à cette cour. Il y composa notamment des partitas pour instruments seuls, le premier livre du *Clavier bien tempéré*, les *Concertos brandebourgeois*, de nouvelles cantates, la *Passion selon saint Jean*. Au retour de Carlsbad, où il avait accompagné le prince à sa cure, il apprit que son épouse était morte en son absence. Il resta seul avec ses enfants, dont les plus jeunes furent laissés à la surveillance des aînés tandis qu'il était au-dehors. Rien ne témoigne de sa douleur que la musique, par exemple, en pleine jubilation orchestrale, l'abîme où plonge le clavecin brusquement solitaire dans le premier mouvement du cinquième *Brandebourgeois*. Il ne cessa pas de composer. On ne voit pas comment le deuil aurait pu éteindre longtemps toute musique dans la maison des Bach.

Après dix-sept mois, il épousa Anna Magdalena Wülken, âgée de 20 ans, soprano à la même cour, qui lui donna treize enfants dont six vécurent. Plusieurs moururent à peu de temps de leur naissance, mais d'autres à quelques années, ce qui laisse le temps de s'attacher à des êtres uniques entre tous et perdus à jamais, avec l'avenir qu'on leur prêtait. De cette douleur, rien n'a paru, mais la méditation est grave dans la *Suite en ut mineur pour violoncelle seul* où deux voix se parlent sur le même timbre comme s'il n'y en avait qu'une. Il croyait que les morts vont au Ciel. Il semble exclu que Bach ait aimé d'autres femmes que les deux qu'il épousa, et à qui le lia sans doute moins une passion amoureuse qu'un profond attachement. Mais rien n'est assuré à cet égard. Comme ils ne se quittèrent jamais, ou peu, on ne possède aucune lettre de l'un à l'autre.

En 1723, il devint le directeur de la musique à l'école Saint-Thomas de Leipzig où il entretint le plus souvent des relations conflictuelles avec ses supérieurs, mécontents de sa pédagogie rugueuse et de son caractère peu conciliant. Il avait également à s'occuper de multiples affaires qui n'étaient point musicales, outre les soucis domestiques et la charge d'élever ses enfants. Il y composa la *Passion selon saint Matthieu,* des oratorios, deux cents cantates, des pièces instrumentales, la *Messe en si mineur.* Il fut également admis comme artiste de la cour et put bientôt se dégager de l'enseignement et des commandes pour se consacrer davantage à l'art du contrepoint, qu'il aimait entre tous. Les trente variations pour clavecin dites *Goldberg* témoignent de sa propension à bâtir sur peu, car personne avant lui n'avait donné une telle ampleur au genre de l'air varié. Il avait acquis une singulière connaissance des sons. Il devinait l'acoustique des églises en regardant les voûtes. Il entendait une seule fausse note dans un orchestre au complet. Sa renommée s'étendait dans tout le pays et au-delà. En 1747, de passage à Berlin, où il rendait visite à son fils, il fut appelé à Sans-Souci par Frédéric II, et, à sa demande, improvisa en public sur un thème royal les fugues comptant jusqu'à six voix qui forment *l'Offrande musicale.*

Il avait depuis longtemps conçu d'achever son parcours terrestre en donnant sa plus haute expression au genre fugué qui atteint comme nul autre une aussi parfaite unité. Alors même que le goût du style sévère commençait à passer en Europe, il consacra les forces de ses trois dernières années à rassembler toute sa science du contrepoint dans *l'Art de la fugue,* écrit sur quatre portées sans indication d'instrument où, sur un seul thème de huit notes, il exploite toutes les possibilités du style fugué : fugues de deux, trois, quatre, six voix, doubles fugues, triples fugues, fugues-stretto, fugues-miroir, contre-fugues, en mouvement contraire, avec inversion du sujet, avec diminution ou augmentation, extension et réduction de notes dans les expositions, contrepoints à la dixième, à la douzième, canons. L'œuvre devait s'achever par une quadruple fugue de dimension inhabituelle où le troisième thème, *si* bémol *la do si* bécarre, signait l'ensemble. Mais la mort ou la maladie suspendit sa plume. Bach était en effet devenu aveugle des suites d'une cataracte mal opérée. Il mourut d'apoplexie chez lui, entouré de sa femme, de ses enfants et de ses élèves le 28 juillet 1750.

La tombe de Bach n'a pas été précisément identifiée. Si les restes exhumés en 1894 sont bien les siens, la capacité de son crâne a été estimée à 1 479,5 cm^3 et sa taille à 1,67 m. Ils furent de nouveau ensevelis dans l'église Saint-Thomas.

Tout bien considéré, sa vie n'avait pas été plus facile qu'une autre, même si elle fut moins dure que beaucoup en un temps où le pain coûtait à gagner.

Il avait chaque jour accompli sa tâche sans ménager sa peine, élevé ses enfants, honoré son épouse, mérité son salaire, composé de la belle musique, et lorsqu'il sut qu'il lui fallait rendre l'âme et le corps qu'il avait reçus, il ne douta pas qu'il en avait fait le meilleur usage, même s'il s'était parfois montré difficile, et qu'il pourrait paraître devant le Créateur en paix avec sa conscience et avec l'univers comme avec son Dieu, et qu'il importait peu qu'il eût été ou non contrarié, car tous les hommes le sont, si bien qu'il n'aurait qu'à répéter devant le plus haut trône ce qu'il avait toujours mis en musique : *Heure du départ viens à moi, Dieu est mon roi, Vois je suis devant Ta porte et je frappe, Seigneur me voici devant Ton trône, Quand enfin arrive mon heure, Je me réjouis de l'heure de ma mort, Mon cœur ne cesse de soupirer après la bienheureuse mort libératrice, Car il a été dit dès le commencement « Tu mourras », Que ma joie demeure, Ma grande tristesse reste ici-bas, Ô monde, bonne nuit…*

Il est resté cinq portraits de Bach, à différentes périodes de sa vie, dont la valeur proprement picturale est médiocre. Ils ne montrent ni jambes ni ceinture. Contrairement aux portraits de Mozart, dont aucun ne ressemble à l'autre, la physionomie de Bach se retrouve dans tous. Partout même visage sévère, air imposant, noble physionomie, complexion robuste, front large et double menton, et, avec le temps, tendance à l'empâtement. Pour mieux se représenter le visage, il peut être utile de masquer la perruque avec un cache ou avec les doigts.

Le premier, au musée d'Erfurt, attribué à Rentsch, montre un jeune homme à longue perruque mis avec élégance et sobriété. Le sujet, qui peut avoir vingt-cinq ans — ou le peintre —, tente d'adoucir son expression sérieuse par un regard sans dureté, mais n'y réussit qu'en partie. Quoique le modèle parvienne à sourire, on ne le sent menacé d'aucune hilarité, de même que ni la pose ni la tenue ne trahissent de penchant à la frivolité. Le regard, franc, à peine rêveur, où nul génie n'éclate, ni chez le modèle ni chez le peintre, fixe l'artiste et le spectateur de sa tranquille certitude. La passion, s'il en existe, est contenue. Aucune pommette ne fait saillie sur la joue et l'arête du nez trahit plus de mollesse que de rigidité. Deux plis, de chaque côté, creusent tout le relief de cette face lisse, claire mais sanguine, sereine. Le front n'est pas ridé. La cravate, haut nouée, impuissante à dissimuler le repli du menton, contribue au port de la tête et au maintien du cou. L'habit est ouvert sur une chemise sans jabot. Le jeune homme semble avoir répugné à toute expressivité et se contente d'attendre la fin de la séance de pose. Rien n'indique qu'il est musicien plutôt qu'autre chose. Ni que la joie est ce que sa musique chante le plus souvent.

Le tableau peint par Ihle en 1720 représente Bach dans la force de ses 35 ans. Le regard semble plus pénétrant mais l'expression guère plus réjouie. La mort de sa femme, cette même année, si elle survint avant l'exécution du portrait, ne l'explique pas puisqu'on retrouve ailleurs la même gravité. Le visage reste ferme mais s'est épaissi, surtout vers les joues. Un second pli oblique s'est creusé sous les yeux tandis qu'une amertume s'ébauche ou persiste à la commissure des lèvres. Le front est lisse, si haut qu'il semble possible qu'une calvitie précoce l'ait déjà dégarni. Les traits restent sans grâce, presque sans charme. L'auteur de la *Passion* n'est pas là. Il patiente, peu soucieux de se présenter à son avantage, sacrifie à l'usage qui veut que le musicien de la cour pose pour le peintre, mais il pourrait changer sa place avec le Premier ministre ou le maître des eaux et forêts. La postérité ne le concerne pas. Comme le corps demeurait immobile lorsqu'il jouait, le visage demeure impassible. Bach porte une perruque claire et un habit vert-brun sans broderies visibles, dont les boutons ne semblent pas ornés. Une sorte d'écharpe rouge lui descend depuis le cou jusqu'au ventre. Il y a peu de chance qu'il l'ait jamais portée ailleurs que sur ce tableau, dont l'auteur a dû juger, à tort, qu'elle relèverait les tons sombres de l'ensemble.

Dix ans plus tard, une peinture attribuée à Denner le montre avec ses trois fils, la mine pour une fois satisfaite. Bach tient un violoncelle. Ses mains apparaissent, son habit est brun. Il s'agit d'un portrait de famille dont les sujets ont tenu à poser dans leurs plus beaux atours. Aussi n'y trouve-t-on ni spontanéité ni naturel. Le tableau, aussi médiocre que les autres, confirme le double menton, l'embonpoint, la face large, le peu de feu, mais les traits n'y sont guère ressemblants. Sans les références anecdotiques à la musique (les instruments, les manuscrits...), on croirait aisément que le modèle n'est pas Bach, à une époque où il n'était pas rare que les musiciens présentent une face rebondie. L'air de prospérité qui règne sur cela accrédite on ne peut plus l'image d'un artisan soigneux et bon père de famille.

C'est un homme déjà âgé que Haussman a figuré en 1746 pour la Société des sciences musicales. La joue, quoique pleine, s'est un peu creusée sous la pommette au point qu'une ombre s'y ébauche maintenant. La bouche paraît plus épaisse, fait probable du peintre plus que du modèle. Sur ce portrait, le plus souvent reproduit, Bach porte une perruque frisée au petit fer et un habit brun-vert aux boutons d'argent alors que dans les deux portraits précédents ils étaient recouverts de tissu. Il sourit avec une confiance tranquille, presque narquoise, fier peut-être de sa trouvaille. En effet, il tient à la main un canon lisible de haut en bas et de bas en haut comme de gauche à droite et de droite à gauche. Pour obtenir le contrepoint de ce court thème, il faut le lire dans un miroir placé devant la toile, comme jadis son monogramme. Aucun doute ne semble habiter le musicien. Le tableau était destiné à une institution de compositeurs, ce qui explique peut-être que Bach y pose en vainqueur.

Gottlieb Friedrich Bach, un cousin, peint bientôt après un vieil homme aux lèvres serrées. Le visage s'est émacié, durci, le front plissé, les joues creusées et le menton fait à peine saillie sur une face presque crispée où le sourire tend au rictus. Le nez peut s'être allongé, comme il arrive aux vieillards, et la joue se sépare de la bouche par une ride à l'ombre plus marquée. Des poches cernent les yeux. Le regard, que la cécité menaçait pourtant, reste perçant, voire dur. La dignité est intacte, sinon plus grande d'être plus seule, mais l'amertume ou la douleur domine et le sourire auquel le modèle s'efforce ne réussit plus à dissimuler la sévérité d'une physionomie que modère la perruque. Que ne l'a-t-il ôtée pour se montrer avec moins d'artifice ? Peu lui importe de plaire. Il n'entend pas être flatté. On voit bien que l'assurance reste entière et que telle elle se gardera sans doute sous le plomb du cercueil, lorsque les paupières auront été fermées. Est-ce ainsi qu'il fixait ceux qui l'irritaient ? Est-ce avec cette attention qu'il s'écoutait ? C'est en tout cas sous ce front-là, ridé, froncé, qu'a été pensée chaque note de *l'Art de la fugue*. C'est ce regard qui en a sondé la profondeur.

Il n'y aura plus d'image de Bach sinon posthume, inspirée des précédentes ou de rien, que la postérité produisit à foison. Personne n'a pris l'empreinte de ses traits pour un masque mortuaire ni pour un médaillon de cire, comme lorsqu'on voulait offrir au souvenir des siens ou à l'admiration des générations l'effigie d'un cher ou grand homme, pour quoi l'on moula dans le plâtre la face inerte de Dante, de Pascal ou de Mozart. Si tous les portraits se ressemblent pour témoigner du front haut, de l'embonpoint ou du double menton, l'esprit du Cantor n'habite que l'enveloppe changeante saisie par des portraitistes indifférents au génie dont ils n'éprouvaient pas l'atteinte. Bach n'est donc guère plus identifiable que Mozart et aujourd'hui encore, s'il lui était donné de revenir sans perruque dans les rues de Leipzig ou d'ailleurs, il y serait aussi peu reconnu que lorsqu'il allait son chemin jadis, anonyme, soucieux et solitaire, parmi la foule indifférente de ses contemporains.

La soixantaine passée, soit que le temps lui ait semblé plus qu'avant mesuré, soit qu'étant moins pressé de commandes il se trouvât dans une disponibilité nouvelle, Jean-Sébastien Bach souhaita s'éloigner des danses, des concerts, des cérémonies, des estrades, du public, des interprètes, des instruments, de tout ce qui est bruyant, inégal, limité, de toutes mains qui jouent ou applaudissent, de toute mécanique, chair ou matière interposée entre l'esprit de la musique et l'univers, lequel n'a point d'oreilles. Moins de trois ans avant sa mort, il en revint au projet de sa jeunesse d'enfermer dans un seul livre et sur un seul thème le long art de la fugue qui allait maintenant finir, il le sentait, avec lui, qui lui avait donné une haute expression, et qui ne voulait pas mourir sans l'avoir porté à son sommet. La vogue du galant et le désintérêt pour le contrepoint le laissaient sans contrainte du monde, sans espoir d'aucune récompense ni reconnaissance terrestres, sans crainte d'aucune attaque, libre de s'enfermer dans la pure polyphonie et de s'y livrer entièrement, façon de dire : Je suis Bach et peu m'importe le reste. Car il n'y a que les sots pour juger démodé ce qui échappe au temps. Il en revint donc avec d'autant plus d'assurance à l'idée de composer une musique dont la finalité ne serait pas d'être jouée ni entendue, ni même lue, mais simplement d'avoir été composée, pour qu'elle existe quelque part comme existent sous terre les monuments antiques, la dépouille des rois ou les trésors des peuples disparus, ou encore les monuments érigés à la seule gloire de Dieu et dissimulés aux yeux des hommes, comme il existe aussi un sens sacré dans l'ordre de l'éternel qui n'apparaît ni en surface ni au jour et qui n'attend point d'être adoré, dépensé, admiré, ou compris. C'est ainsi que l'existence se confond avec l'essence, la fleur avec son parfum, la vie avec la forme des créatures qu'elle anime, et que l'idée du Paradis, que nul ne décrivit jamais, fournit pourtant à l'espérance des multitudes. C'est ainsi que lui vint peu à peu, à mesure que la lumière baissait en lui et que ses derniers jours s'écoulaient sans retour, au moment d'entrer dans l'obscur et de là dans la mort, le désir de rester seul au monde avec la fugue, seul avec Dieu, avec la musique, avec lui-même, semblable aux marins et pèlerins qui vont solitaires sur le miroir des eaux ou sous la profondeur des cieux, et qui, lorsque rien d'étranger n'existe plus entre eux, se retrouvent soudain, dans l'énormité de la démesure, comme d'égal à égal avec l'éternité. *Ô éternité, mot pareil au tonnerre.* Qu'il lui soit donné de finir ainsi, tels seraient désormais dans l'humilité ou dans l'orgueil son travail et son ambition.

Il choisit un thème simple, équilibré, bien structuré, qui n'était rien en soi, moins que le thème de *l'Offrande musicale*, beaucoup moins que l'aria des *Variations*, tel qu'il le fallait, puissant par ce qu'il permet et non par ce qu'il est. Qu'un milliard de fugues jaillissent d'une telle matrice, c'est affaire de temps. Transcender la forme sans la dépasser. La partition se ferait sur quatre portées pour être jouable sur le clavecin ou sur l'orgue, prête à l'usage d'une petite formation, adaptable à peu de frais pour l'orchestre, plus facile à suivre pour un lecteur. L'œuvre, comme un traité sans commentaire à l'usage des savants, devrait toutefois rester constamment émouvante aux oreilles inexpertes. Serait-il alors possible que ce fût lui, Jean-Sébastien Bach, avec sa courte vue et son pas lourd, qui composât, note après note, la plus belle et plus savante musique qu'ouït jamais tympan humain ? *Prête l'oreille, ô berger d'Israël.*

Que de siècles l'ont prêtée ! Qu'entendrait-on au langage de la fugue si Bach ne l'avait pratiqué ? N'a-t-il manqué qu'un maître à l'anthem ou au rondeau ? Qu'importe la structure qui ne devient le moyen d'atteindre l'unité et qu'on ne peut habiter comme un temple ? En 1747 ou 48, à Leipzig, en Saxe, un homme, seul au monde, entreprit d'investir totalement une forme. Oui, *Prête l'oreille, ô berger d'Israël.*

Au soir d'une journée dont il ne savait si elle avait été grise ou si c'était lui qui la voyait ainsi, le jour étant tombé, le pas des derniers hommes et des derniers chevaux s'étant évanoui sur la place, Bach, qui n'avait pas aimé la nuit jusqu'à ce qu'elle descendît en lui-même en plein jour, entra dans le cabinet de composition, referma la porte derrière lui, s'assit à sa table, y posa une feuille blanche et traça d'abord au long d'une règle de bois quatre portées de sa plume à cinq becs. Sur la première, dans une mesure à deux blanches, il écrivit le thème en clé de *fa* : *ré la fa ré do* dièse… et, le considérant, se trouva devant ces quatre mesures comme sous le porche d'une cathédrale non bâtie. Puis il s'avança sous la voûte invisible, et ajouta la première réponse.

Après quoi, il s'interrompit, plume levée, malgré le contrepoint qui se pressait déjà entre ses tempes. Il commençait son long travail sans savoir s'il lui serait accordé de le finir. L'idée de laisser sa fugue sur le métier le poussait à continuer quand il eût préféré s'arrêter, car il convenait de travailler autant qu'il se pouvait pour mettre la double barre à sa fugue avant que la Providence ne la mette à sa vie. Travaillez tant que vous avez de la lumière. La plume se remit à gratter le papier.

Qui peut dire si, au moment de s'engager dans cet ultime monument, Jean-Sébastien Bach, Cantor de Leipzig et poussière prochaine, hésite ou s'interroge ? Sur quoi le pourrait-il ? D'ordinaire, le doute l'agite moins que la certitude. Il sait ici ce qu'il veut faire, il sait comment le faire. Combien de fugues comptera-t-on ? Par laquelle commencer ou finir ? Dans quel ordre les ranger ou avec quoi les jouer ? Détails dont il convient peu que se tourmente un pécheur qui songe à son salut. D'autres pourront chercher un jour ce qui occupe un homme presque aveugle qui, sentant sa fin prochaine, décide de s'enfermer deux ou trois ans avec une œuvre que personne ne jouera ni n'entendra et qui n'aura au mieux qu'une vingtaine de lecteurs : les treize autres membres de la Société des sciences musicales auxquels s'ajouteront quelques amateurs connus ou inconnus. S'il convient de finir, est-ce par un testament ? *L'Art de la fugue* n'est pourtant pas la dernière œuvre de Bach, puisqu'il écrira encore plusieurs parties de la *Messe en si mineur*, les *Variations canoniques*, le dernier choral, pour aller au Ciel, interrompant à plusieurs reprises le travail du contrepoint absolu qu'il sait pouvoir reprendre à tout moment. La crainte et le tremblement ne sauraient constituer la basse continue du dernier opus, et il importe d'autant que la main reste ferme.

Régulièrement, patiemment, tel un bœuf sous le joug labourant la glèbe du réel, Bach, malgré sa faible vue, sa douleur, et la mauvaise humeur de se sentir encore un peu appartenir au monde de la discorde et de la lésine, aligne l'une après l'autre et l'une sous l'autre les notes de ces contrepoints, comme s'il montait les degrés d'un escalier sans fin. D'abord le groupe des fugues simples, puis celles où le sujet subit des variations rythmiques, puis celles où il s'inverse, s'allonge ou raccourcit, augmente ou diminue, puis le groupe où des thèmes nouveaux naissent chacun après l'autre à la façon des paysages au détour du chemin. Passent les jours, les semaines et les mois. Passent les saisons. La pluie s'abat sur le pavé, la neige étouffe les bruits, les feuilles reviennent aux arbres, puis en tombent. Il est encore temps de s'en émerveiller, autant que s'il repoussait des membres aux infirmes. Encore un cycle. Sa vue baisse et la lumière dans la lampe, dont il n'aura bientôt plus le besoin ni l'usage. Les fugues superposées apparaissent en miroir, ce qui ne signifie pas qu'il faut les jouer ensemble, quoiqu'on le puisse aussi bien, mais simplement qu'on peut les voir se refléter l'une dans l'autre comme des visages ou des constellations à la surface des eaux paisibles. Quatre canons servant apparemment d'intermèdes séparent les différents groupes pour illustrer une autre forme du même contrepoint. La symétrie doit tendre à l'harmonie. Le temps dure, les pages s'ajoutent aux pages. Voici les fugues stretto où les voix présentent le thème en se suivant de si près qu'une nouvelle exposition commence avant que la précédente soit achevée. L'urgence ne le taraude plus. Et s'il allait mourir, cette nuit ou une suivante, trouverait-il alors le repos dans la tombe ? Oui, résolument oui, car il importe que quelque chose commence plutôt que ne s'achève, et même, la paix serait-elle moins grande si l'œuvre restait à jamais ouverte sur des fugues en nombre illimité ? Une distance nouvelle se glisse entre sa musique et lui, dont il ne sait s'il faut la recevoir avec terreur ou avec confiance. La plume retombe. Travailler.

La musique écrite s'élève pierre à pierre comme une forteresse pour isoler davantage du monde qui passe au loin et dont les échos assourdis lui arrivent parfois : froufrou des étoffes frottées dans le menuet, claquement des sabots au cours d'une bourrée, souvenir d'un ténor qui chante *Euridice, Euridice, ombra cara dove sei ?*, écho d'une trompette ou d'un clairon depuis le tumulte et les cris d'une guerre ou d'une chasse. Puis le chant s'éloigne et la musique revient au silence ainsi qu'une branche contrainte reprend sa forme. Le contrepoint continue de dérouler paisiblement sa ligne.

Parfois, pour épargner sa vue, il profite de la présence d'Atnikol, son gendre et son élève favori, pour lui chanter les mélodies que le jeune homme inscrit sur le papier réglé. Il semble à l'un et à l'autre que chaque thème, chaque fragment viendra seul à sa place comme les dociles animaux d'un troupeau que le berger conduit à peine. Une facilité fait croire à l'ordre simple du monde, qu'on entend pourtant crier et gémir par la fenêtre ouverte. Travailler, travailler encore.

Chaque matin, à moins que ce ne soit chaque soir, tandis qu'ailleurs on danse, on compte, on se dispute ou se soigne, Bach revient habiter l'invisible palais bâti pour lui seul. S'il s'avance partout en tâtonnant, il marche ici d'un pas assuré même les yeux fermés. Il sait où il est. De même qu'en posant la main sur le coin de la table du cabinet il mesure qu'il lui reste trois pas jusqu'à la porte, il sait en reconnaissant la fugue en style français qu'il n'est qu'à une page de la fugue « *per augmentationem et diminutionem* ». Des images du passé se prennent aux portées, qu'il disperse en quelques notes : la maison d'Eisenach, le logement de Mühlhausen où Maria Barbara mit au monde leur premier enfant, le prince Léopold et sa cour, la prison de Weimar, la tête du recteur Ernesti lorsqu'il sortit le préfet Krause par le collet, le coup d'épée à Geyersbach, la *Passion* dans l'église Saint-Thomas... Anna Magdalena l'appelle pour souper — c'est donc qu'il en est l'heure — mais la faim ne le tenaille pas. Il lui faut encore travailler.

En s'avançant dans la quinzième fugue, et craignant de s'être trop identifié à son travail, une nouvelle idée retient néanmoins le vieux Cantor : devenir la fugue qu'il écrit. En la signant des quatre lettres B A C H, soit *si* bémol *la do si* bécarre, il finirait magistralement son travail, comme un peintre d'autrefois aimait à se représenter dans un coin du tableau, ce qu'il avait souvent fait par jeu dans l'improvisation mais jamais pour la gravure. Le thème pourra de plus s'entrelacer avec les deux précédents et surtout avec le principal, *ré la fa ré do* dièse… fondant ainsi toute la partition au creuset d'une suprême unité. Il sait aussi que ce thème devra être l'ultime et qu'aucun autre ne saurait le suivre sans lui ôter sa gravité, si bien qu'il hésite à l'écrire autant qu'à franchir un dernier seuil, au-delà duquel rien de connu ne subsiste. La fugue fatale une fois entreprise, la somme contrapuntique jadis imaginée à Lübeck, dans la bibliothèque de son vieux maître, est déjà derrière lui. Comme une barque s'éloigne de la berge, la dernière fugue de Jean-Sébastien Bach gagne le large. Laquelle pourrait être plus grave ? Atteindrait-il à l'immortalité en l'obligeant au perpétuel recommencement du conte de Shéhérazade ? Jusqu'à quand pourra-t-il abuser le sort en différant une conclusion aussi superflue que redoutée ? Lui que jamais cette perspective n'effraya, ne saurait-il donc pas mourir aussi bien qu'un autre ?

Voici déjà quarante mesures que, dans sa présomption, il a inscrit son nom en quatre notes, et sa pensée y revient comme la langue sur une dent creuse ou branlante. Chaque croche le rapproche à présent du terme définitif. Il arrête son bras, suspend sa plume dont l'encre sèche. Où court-il ? Il est certes possible d'aller plus loin, mais jusqu'où ? Un quatrième thème peut jaillir, puis un cinquième, un sixième, *ad perpetuum*. Dans l'effort de reculer les limites de la fugue, il voit bien que ces frontières s'effacent à mesure qu'il avance et que là où les choses devaient s'arrêter elles commencent, de même que les lunettes des astronomes ne montreront jamais les confins du monde mais seulement le dernier horizon visible qui n'est que le premier d'un univers nouveau. Un vertige le saisit, à moins que ce ne soit une peur. Où finir ? Quand ? Peut-elle seulement finir ? La main reste levée. Quatre thèmes imbriqués sont-ils encore audibles ? Combien s'empileront avant de retourner au chaos ? La dernière fugue — s'il s'agit d'elle — risquerait-elle de tout désagréger à force de tout réunir et de dissoudre l'unité en épisodes ? La confusion mettra-t-elle alors un terme à l'âge contrapuntique comme l'écroulement du chœur de la cathédrale de Beauvais, le plus haut jamais construit, en mit un à l'art gothique ?

Au moment de paraître devant le Créateur, convient-il en outre de finir dans la vanité, en multipliant les sujets, en augmentant le nombre de voix, en accroissant la complexité, et en signant de surcroît pour appeler sur soi une gloire posthume ? Est-ce encore une fugue ou une vision du monde ? Appartient-il alors à un musicien de s'interroger sur la nature des choses, leur origine et leur destination ? Trop de questions. Un homme qui entre dans le silence a besoin de ne rien craindre au moment où il tourne sa face vers le mystère. L'encre sèche sur la plume. Le voici confronté à une difficulté qui ne se présenta jamais et qui ne reviendra pas, car il fallait toujours achever ce que d'autres entendraient. Mais ce que nul n'écoutera, à quoi bon ? La plume revient à l'encrier puis au papier. Encore une mesure. Puis elle s'arrête de nouveau.

À présent, l'idée d'une fin l'effraie plus qu'elle ne le réjouit. Faut-il déjà choisir ? N'y aurait-il pas une singulière beauté à n'écrire *l'Art de la fugue* que pour soi et à l'anéantir ensuite pour qu'un autre le tente un jour ou pour que le silence, tombeau des sons, se referme sur lui comme la mer sur les noyés et la terre sur les morts ? Qui sait combien de chefs-d'œuvre furent ainsi perdus s'il n'est resté que des témoignages d'orgueil insuffisamment affranchis du monde et du désir d'être applaudi ? De la peur du moribond, de l'humilité du chrétien, du doute du musicien ou de la simple indifférence de celui qui souffre, il ne sait ce qui retient sa main.

Sur la dernière fugue, les hypothèses abondent. Et d'abord aurait-elle été vraiment la dernière ? À en croire un quatrain ajouté sur la partition par une main non identifiée et qui est peut-être celle de son fils, « Sur cette fugue où se trouve le nom de Bach en contre-sujet est mort l'auteur ». Pourtant Bach n'est pas mort la plume à la main, comme si son bras était tombé à la mesure 239 et que le dernier contrepoint s'était dissous dans sa cervelle soudain privée d'oxygène ou de sang. S'est-il donc arrêté peu après avoir écrit son nom musical à la mesure 193 pour revenir à son travail et le compléter sitôt que sa santé le lui permettrait ? Il aurait ainsi achevé une triple fugue qui se déplierait sans cesse sur un autre sujet comme une fleur de papier dans l'eau, morceau d'une beauté poignante et d'une longueur exceptionnelle signé en outre du chiffre de son nom, par un thème combinable avec le principal et avec les trois précédents sujets, ce qui en porterait donc à quatre le nombre, le quatrième étant aussi le premier qui les réunit tous et les confond en une seule harmonie, boucle ou cercle parfait, à moins que la voûte ne s'effondre. Le silence plutôt que le vacarme. Un ciel ouvert plutôt que les décombres. Après cela rien de plus beau ni de plus grandiose ne se peut concevoir. Il ne manquait donc qu'une page ou deux. Quelques musicologues ou musiciens complètent eux-mêmes la fugue inachevée : Busoni, Rieman, Tovey, Moroney. Pour certains, *l'Art de la fugue* a été terminé par son compositeur qui n'aimait pas laisser quoi que ce soit en chantier, mais le dernier feuillet en a été tout simplement égaré par ceux qui ont recueilli le manuscrit et en ont mélangé les pages. Pour d'autres, le nombre de fugues, achevées ou non, ne correspond à rien et Bach avait sans doute prévu d'en composer vingt-quatre, selon son habitude, si bien qu'il en manque une dizaine. Au contraire, plusieurs soutiennent que 15 (1 + 5 = 6) fait justement un chiffre parfait, surtout si on y ajoute le 4 pour les canons. Quelques-uns nient l'authenticité de cette fugue, ou son appartenance au recueil, puisque le thème principal n'y figure pas. Personne n'a encore imaginé que Bach ait pu choisir de laisser l'œuvre inachevée, tant la chose en effet manque de sens. L'habitude s'est pourtant prise au concert et au disque d'interrompre brutalement la grande fugue sans ralentir et, peu après le thème nominatif, de passer au plus profond silence, ce que beaucoup tiennent pour l'expérience la plus émouvante de l'histoire de la musique et la plus belle fin possible, de sorte qu'ils n'échangeraient pas cette émotion contre la suite véritable si l'hypothétique dernière page était miraculeusement retrouvée ou si le fantôme de Bach revenait achever son travail. Certes l'hypothèse de l'inachèvement volontaire est absurde, mais l'histoire montre que la tentation en fut grande et fréquente à toutes les époques et dans tous les domaines. Le fait est que, lorsque Bach put dicter encore une page à Atnikol, il choisit, non de finir la fugue, mais de reprendre un ancien choral. La hantise de résoudre les accords et de remplir les blancs avait dû lui passer.

Il pose sa plume dont l'encre a séché, se lève et va jusqu'à la fenêtre du cabinet. Il fixe non la vitre mais ce qu'il sait qu'on voit à travers elle et qu'il ne voit plus : au-delà des toits, toute la nuit qui gravite autour de la seule étoile fixe comme la fugue autour de son thème. Cette nuit ne s'est pas moins établie devant lui que devant tous les hommes de cette partie du monde, loin du monde, mais monde elle-même, hors du temps, mais temps elle-même. Il a peut-être écrit plus de notes sur le papier qu'il n'y a d'étoiles au ciel. Qui a le droit d'en limiter le nombre ? Il lui vient alors l'idée de tout détruire, après s'être assuré qu'il pouvait l'écrire, et de renoncer de la sorte à une vaine gloriole. Ainsi Bruegel l'Ancien, sur son lit de mort, demandait à sa femme de brûler tous ses tableaux, comme Virgile, dit-on, voulut brûler son poème. Une vraie fugue n'a-t-elle pas plutôt pour vocation de rester inachevée comme le monde, ne serait-ce que pour plaire à ceux qui pensent qu'il n'existe nulle véritable musique sans contrepoint aussi bien qu'à ceux qui prétendent au contraire que ce style appartient au passé et ne peut désormais déboucher sur rien ? Ainsi, sur la piste, le coureur de fond ayant distancé tous ses concurrents s'arrête à quelques pas de la ligne d'arrivée et jouit de sa liberté recouvrée quand tous les candidats à la victoire le dépassent en se ruant vers le terme. Vanité. La fugue doit rester inachevée, sans doute possible, non brûlée comme si elle n'avait jamais existé, mais inachevée pour gagner sa réalité dans la puissance de sa succession. N'est-ce pas encore la dernière occasion d'en finir avec la sotte nécessité d'écrire pour ne pas mourir, de vérifier que la musique peut s'arrêter avant la vie et qu'on peut aussi vivre sans écrire ? Cette idée l'enivre et le désole. Voici sa pénitence. Ici, à la mesure 239, Jean-Sébastien Bach renonce à la musique qui fut sa vie comme il renonce à la vie qui va finir. Qu'importe la fin ? Celui qui va s'éteindre ne s'impatiente pas de promesses, ni du stretto final dans le ton principal. Il n'y a devoir ni nécessité à terminer ce qu'on a commencé sinon par convention entre les hommes, mais quel besoin y a-t-il quand personne n'attend et quand celui qui compose ne s'en soucie pas plus ? L'harmonie qui est en moi est plus grande que moi et nous ne saurons ni le jour ni l'heure où les choses resteront inachevées à moins de comprendre l'inachèvement comme le principe si c'est lui seulement qui arrête les choses n'étant complètes que lorsqu'elles sont finies de même cette manie de résoudre les accords de ne rien laisser de blanc ni d'inachevé comme une anxiété de ce qui pourrait s'interrompre sans qu'on l'ait su prévu attendu préparé et maintenant la hantise dominée de l'inachèvement de la fugue absolue mais c'est à ce prix-là que devra peut-être se payer l'orgueil d'avoir toujours cherché la perfection du style et l'expression profonde plutôt que l'amitié des hommes la résolution des conflits la guérison des maux la compréhension des peines comme des colères la bienveillance la fraternité l'indulgence c'est ainsi seulement que se peut gagner l'humilité et non dans l'ambition de faire mieux voici ce qu'il me semble à cette heure dans cette ville endormie qui tient réunis tous les fils de la nuit comme les voix d'un canon le silence des rues les toits nombreux les étoiles plus nombreuses encore la lueur d'une bougie promenée à la fenêtre et le faible reflet d'une lampe tenue devant lui par un passant attardé qui éclaire ses pas comme lui *nous nous hâtons d'un pas pressé et tremblant* moi-même ayant cru éblouir les hommes d'une céleste clarté irradier comme un soleil quand je n'étais peut-être qu'un passant solitaire éclairant ses souliers d'une lanterne que le vent malmène et que la pluie éteint pour ne pas tomber dans la poussière ou la boue et à présent me sentant vieux comme le monde muet comme la nuit et m'écoutant mourir en répétant avec l'Ecclésiaste que tout est vanité et poursuite du vent ô misère d'avoir vécu dans l'illusion de rayonner de s'être cru l'éclat lorsqu'on était l'obscur d'avoir voulu retenir le temps captif dans les portées comme dans les mailles d'un filet pauvre linotte en cage sautillant de perchoir en perchoir privée du grand ciel libre que rien ne mesure ni ne limite d'avoir cru à la divine mesure du temps dans le rapport des matières qui vibrent et des secondes qui s'écoulent et sachant certes désormais que suspendre ma fugue ne suspendra pas ma vie et que longue sera la nuit qui va tomber *reste avec nous car le soir tombe et le jour est sur son déclin* mais l'humilité n'est-elle pas la suprême vanité aussi bien l'inachèvement étant alors marque d'orgueil ô hommes qui aviez des oreilles pour ne point entendre vous êtes-vous rendus dignes d'écouter ce que moi seul pouvais composer et qui restera désormais muet et silencieux pour que ce silence soit le prix de la considération qui m'a manqué comment savoir que penser tout compléter tout ranger tout achever la messe les variations jusqu'à la dernière berceuse pour endormir les nourrissons tout sauf la fugue et livrer ainsi aux hommes un manuel pour toucher le clavecin ou composer une fugue sans autre ambition que celle d'être enterré sous la dalle des églises afin que chacun foule aux pieds la dépouille des vaniteux ou des humbles…

Ainsi, le moine Théophile, fabricant de vitraux, laissa-t-il au XIIe siècle un message aux hommes qui voudraient s'intéresser plus tard à ses écrits :

« Théophile, humble prêtre, serviteur des serviteurs de Dieu, indigne de mon nom et de la profession de moine, à tous ceux qui veulent éviter ou dompter la paresse de l'esprit et l'égarement du cœur en se livrant à l'utilité d'une occupation manuelle et à la douce méditation des choses nouvelles, je souhaite une récompense d'un prix céleste.

« Lorsque tu auras souvent relu ces choses et que tu les auras gravées dans ta mémoire, toutes les fois que tu te seras utilement servi de mon œuvre, en retour de mes préceptes, je ne te demande que d'adresser pour moi une prière à la miséricorde du Dieu tout-puissant. Il sait que je n'ai écrit mes observations ni par l'amour d'une louange humaine ni par le désir d'une récompense temporelle, que je n'ai soustrait rien de précieux ou de rare par une malignité jalouse, que je n'ai rien passé sous silence, me le réservant pour moi seul, mais que pour l'accroissement de l'honneur et la gloire de son nom, j'ai voulu subvenir aux besoins et aider aux progrès d'un grand nombre d'hommes. »

Bach revient à sa table de travail et considère la ligne suspendue dans le silence, que rien ne résout ni ne résoudra plus. *L'Art de la fugue* s'achève sur ce blanc. C'est ce blanc qui la finit, et son œuvre et sa vie sont également, et sa mort sera ce blanc, du blanc face à la ténèbre qui vient. Il contemple un instant son travail à la fois achevé et inachevé et ce blanc qui le crie. Il revient dans l'appartement, s'assoit dans un fauteuil. Il se tait. Plus rien à voir. Personne ne l'interroge. Tous savent qu'il souffre. Encore un peu de temps. La musique est finie. Il est temps de songer à faire une autre fin. Ô monde, bonne nuit ! Il se pose les mains sur les yeux. Il y presse ses poings, ce qui soulève sous ses paupières des figures géométriques noires et blanches. Ô lumière ! Sainte lumière !

Bach mourut un mardi. Il fut enterré le jeudi, dans le cimetière de l'église Saint-Jean, en dehors de la ville. Le corbillard fut évidemment suivi par les membres de la famille, probablement un représentant de Saint-Thomas, quelques amis. Les archives municipales notent à ce jour et pour lui : « Corbillard gratis. » On ne sait qui paya à M. Muller, fossoyeur, les 4 thalers pour un cercueil de chêne. Nulle part on ne lit qu'il y eut quelque part à cette occasion messe ou musique. Cinquante ans plus tard, Rochlitz écrit toujours : « Il est vain de vouloir chercher à Leipzig le lieu où repose Sébastien Bach, pourtant vénéré à juste titre, et cela dès son vivant, ou même quoi que ce soit qui garde son souvenir. »

Le Cantor avait copié de sa main le manuscrit de la fugue et ses héritiers le conservèrent. On sait qu'Anna Magdalena le vendit et que le recueil fut bouleversé. Certains avancent même que la dernière page se perdit, bien que l'ultime mesure écrite de la main du maître ne se trouve pas au bas d'un feuillet ni au bout d'une portée. Pour compenser le blanc final, « l'auteur ayant été mis hors d'état par la maladie de ses yeux et la mort qui s'ensuivit peu après », on livra en supplément aux acheteurs, comme « dédommagement », « un choral à quatre voix que dans sa cécité il dicta sans préparation à la plume de l'un de ses amis », ancien choral, à vrai dire, dont il remplaça le premier vers, *Lorsque nous sommes dans la plus grande détresse*, par *Devant Ton trône je vais paraître, Seigneur*, mieux approprié à la situation. *L'Art de la fugue* et son supplément gratuit, « pratique et magnifique in-folio de 70 pages », fut proposé en souscription à 5 thalers. Malgré la préface élogieuse de Marpurg, qui en conseilla l'étude plutôt que celle des « mélodies sautillantes et artificielles de tant de compositeurs d'aujourd'hui », Carl Philipp Emanuel ne trouva pas d'éditeur et, après six ans, n'ayant réussi à vendre qu'une trentaine d'exemplaires et pressé par la nécessité, fit savoir qu'il était « décidé à s'en défaire complètement » et qu'« à la première proposition acceptable qui sera faite » il céderait « sans autres formes ni complications ces plaques », qui « sont au nombre de soixante et pèsent un quintal ». Un marchand de ferraille se présenta et acquit donc les plaques de *l'Art de la fugue* au poids du cuivre, pour les fondre en tuyau, en clairon, en gouttière ou en casserole.

En avril 1789, au cours de la tournée qui le mena à Berlin, Wolfgang Amadeus Mozart s'arrêta à Leipzig, où il joua une heure durant l'orgue de Saint-Thomas. Doles, le cantor de l'époque, fit exécuter pour lui le motet *Singet dem Herrn ein neues Lied.* Rochlitz écrit dans sa revue : « À peine le chœur avait-il chanté quelques mesures que Mozart sursauta : "Qu'est-ce que cela ?" »

La musique finie, comme il s'enquérait du compositeur et qu'on lui répondait que l'école avait conservé les motets de l'ancien Cantor, il demanda qu'on les lui montre aussitôt. Faute de partition, il se fit apporter les voix séparées, et on le vit « s'asseoir, éparpillant les voix autour de soi, dans ses deux mains, sur ses genoux, sur les chaises les plus proches. Oubliant tout, il ne se releva pas avant d'avoir regardé dans tous les détails ce qu'on avait là de Sébastien Bach ». Ni sans avoir prié qu'on lui en procurât une copie.

Cinquante-quatre ans plus tard, en 1843, on inaugurait le monument Bach que Mendelssohn avait offert à la ville de Leipzig. La *Bach Society* et la *Bach Gesellschaft*, soutenue par Schumann, s'emploieraient bientôt à publier et à diffuser ses œuvres complètes.

Mais c'étaient là des questions de peu d'importance et qui avaient cessé depuis plus de cent ans d'intéresser le Cantor de Leipzig.

L'essentiel des documents et des traductions utilisés provient de l'ouvrage de Gilles Cantagrel : *Bach en son temps* (Hachette Pluriel, 1982, Fayard, 1997). Également consulté : Karl Geringer : *Jean-Sébastien Bach* (éd. du Seuil, 1970).

DU MÊME AUTEUR

Romans, récits, nouvelles

LA DISLOCATION, Stock, 1974.

DESCENDANCE, Stock, 1982.

LES OISEAUX ET LES SOURCES, B. Barrault, 1991.

SERMONS AUX POURCEAUX, Zulma, 1997.

UN AMOUR DE DRACULA, B. Barrault, 1987 ; Zulma, 1998.

MALFRATS POUR QUE JE PLONGE, B. Barrault, 1987 ; Zulma, 1998.

LES ARGOLIDES, Zulma, 1998.

AUX YEUX DES MORTS, Exils, 2002.

Essais

LA PART DU SILENCE, B. Barrault, 1984.

ROUSSEAU OU L'ÉTAT SAUVAGE, P.U.F., 1997.

LES ENNEMIS DE LA TERRE, Exils, 1999, 10/18, 2005.

LES POULES PRÉFÈRENT LES CAGES, Albin Michel, 2000.

L'un et l'autre

Jean-Philippe Antoine
La chair de l'oiseau. Vie imaginaire de Paolo Uccello (Prix Yourcenar, 1992)

Marie-Louise Audiberti
Le vagabond immobile. Robert Walser

Catherine Axelrad
Vies et morts d'Esther
L'enfant d'Aurigny

Bruno Bayen
Le pli de la nappe au milieu du jour

Antoine Billot
Le désarroi de l'élève Wittgenstein
La part de l'absent

Didier Blonde
Baudelaire en passant

Christian Bobin
Le Très-bas (Prix des Deux-Magots, Prix Joseph Delteil, Grand prix catholique de Littérature, 1993)
La plus que vive

François Bott
La Demoiselle des Lumières

Alain Boureau
Histoire d'un historien. Kantorowicz

Michel Braudeau
La Non-Personne. Une enquête

Geneviève Brisac
Loin du Paradis. Flannery O'Connor

Idelette de Bure
Rouge ou la proie du peintre

Michel Chaillou
La rue du Capitaine Olchanski. Roman russe

Philippe Comar
Mémoires de mon crâne. René Des-Cartes

Mariette Condroyer
Tous les parfums de l'Arabie

Jean-Michel Delacomptée
Madame La Cour La Mort
Et qu'un seul soit l'ami. La Boétie
Le roi miniature
Je ne serai peintre que pour elle

Florence Delay
Dit Nerval (Grand prix du roman de la ville de Paris, 1999, prix de l'essai de l'Académie française, 2000)

Sylvie Doizelet
La terre des morts est lointaine. Sylvia Plath
L'amour même
Lost

Jacques Drillon
Face à face

Claude Esteban
Le partage des mots

Colette Fellous
Le Petit Casino

Christian Garcin
Vidas
L'encre et la couleur

Sylvie Germain
La Pleurante des rues de Prague
Céphalophores
Les personnages

Guy Goffette
Verlaine d'ardoise et de pluie
Elle, par bonheur et toujours nue (Prix Atout Lire, 1998)

Roger Grenier
Pascal Pia ou le droit au néant
Regardez la neige qui tombe. Impressions de Tchekhov
(Prix Novembre, 1992)
Trois heures du matin. Scott Fitzgerald
(Prix Joseph Delteil, 1996)
Les larmes d'Ulysse
(Prix littéraire 30 millions d'amis, 1998)
Fidèle au poste

Michèle Hechter
Galluchat ou les mirages du requin de Chine
M. & M.

Christian Jouhaud
La main de Richelieu ou le pouvoir cardinal

Thierry Laget
Florentiana
La fiancée italienne
À des dieux inconnus

Pierre Lartigue
L'art de la pointe

Philippe Le Guillou
Le songe royal. Louis II de Bavière

Catherine Lépront
Le passeur de Loire

Jean Lévi
Le fils du ciel et son annaliste

Gérard Macé
L'autre hémisphère du temps

Diane de Margerie
La Femme en pierre

Pierre Michon
Rimbaud le fils

Richard Millet
Musique secrète

Michel Mohrt
Benjamin ou lettres sur l'inconstance

Jean-Noël Pancrazi
Long séjour
(Prix Jean Freustié, Prix Roland de Jouvenel, 1998, décerné par l'Académie française)

Bertrand Poirot-Delpech
« *J'écris* Paludes »

Henri Raczymow
Le cygne de Proust
Pauvre Bouilhet

Jacques Réda
Aller aux mirabelles
Aller à Élisabethville

Jean-Pierre Rioux
Erckmann et Chatrian ou le trait d'union

Claude Roy
L'ami qui venait de l'An Mil

Danièle Sallenave
Le principe de ruine

Dominique Sampiero
Le rebutant (Prix du Roman populiste, 2003)

Michel Schneider
Glenn Gould piano solo (Prix Femina Vacaresco, 1989)
Maman

Michel Séonnet
Sans autre guide ni lumière

Pierre Silvain
Le brasier, le fleuve. Georg Büchner

Olivier Wickers
Trois aventures extraordinaires de Jean-Paul Sartre

Achevé d'imprimer
par l'Imprimerie Floch
à Mayenne, le 15 novembre 2004.
Dépôt légal : novembre 2004.
Numéro d'imprimeur : 61138.

ISBN 2-07-077315-9 / Imprimé en France.

132869